Keine Angst vorm smarten Heim

Dieses Buch widme ich besonders den Journalisten-Kollegen, die immer auf der Suche nach einer Sensation oder zumindest einer skurrilen Story sind, sich nicht die Mühe machen, gründlich zu recherchieren oder zumindest ihren gesunden Menschenverstand zu nutzen. Es macht wohl eine Menge Spaß, über vermeintlich witzige Produkte und Geschichten aus dem SmartHome zu berichten, die mit dem intelligent vernetzten Haus allerdings nicht wirklich etwas zu tun haben. Der unsterbliche Kühlschrank, der die Milch bestellt, gehört sicherlich dazu. Vielleicht schaffe ich es ja irgendwann doch noch, der endlos wiederholten Geschichte vom verrückten Kühlschrank das unberechtigte Label „SmartHome" zu nehmen.

Günther Ohland

Keine Angst vorm smarten Heim

Das Ende der Geschichten vom Bier bestellenden Kühlschrank und dem Hacker, der mit dem Handy die Haustür öffnet

Bibliografische Information der Deutschen Nationalbibliothek:
Die Deutsche Nationalbibliothek verzeichnet diese Publikation in der Deutschen
Nationalbibliografie; detaillierte bibliografische Daten sind im Internet über
http://dnb.dnb.de abrufbar.

© 2015 **Günther Ohland**

Herstellung und Verlag: BoD – Books on Demand, Norderstedt

ISBN: 978-3-7386-5422-6

Inhalt

Inhalt 6

Vorwort 9

Was ist denn eigentlich ein SmartHome? 11

Was ist smart und was nicht 13

Vorurteile 15

Ja, aber das brauche ich doch alles gar nicht 21

Das Märchen vom Bier bestellenden Kühlschrank 23

Das Märchen vom Einbrecher, der die Haustür mit dem Smartphone öffnet 29

Der Ex, der seinen Nachfolger per Fernsteuerung nervt 35

Der Staubsauger, der Gardinen frisst 37

Und was ist bei Stromausfall? 39

Das Haus macht was es will und ich bin sein Sklave 41

Im SmartHome ist überall krank machender Elektrosmog 45

Warum die smarte Mausefalle sinnvoll ist 53

Die ganze Technik kostet mehr Strom, als sie spart 55

Darum sollten Sie Ihr Heim unbedingt smart machen 59

SmartHome ist zwar schön, aber bestimmt viel zu teuer 69

Ein Auswahl von populären Produkten 73

    Devolo 75

    D-Link – mydlink Home 79

    Rademacher 83

    Schellenberg 87

    Wibutler 89

    RWE-SmartHome 91

    Qivicon 95

Selber machen oder machen lassen? 97

Risiken und wie man sie ausschaltet 101

Anhang 105

    Passwörter 105

    Sicherheitsregeln des LKA NRW für das SmartHome 107

    Weitere Bucherfolge des gleichen Autors 117

Vorwort

Liebe Leser,

ich höre auf Messen und in den Fragerunden nach meinen Vorträgen immer wieder die gleichen Fragen und ich gebe immer wieder die gleichen Antworten. Nein, ich will mich nicht beschweren, es gibt natürlich keine dummen Fragen. Dass die Fragen seit Jahren aber fast gleich bleiben sagt mir allerdings, dass noch viel Aufklärung zu dem in der nahen Zukunft so wichtigen Thema Smart Home und Smart Living zu leisten ist.

Eine lustige Geschichte, in der ein angeblich „schlaues Haus" sich dumm verhält ist natürlich auch für die Medien viel spannender, als über den Nutzen der smarten Technik zu berichten. Die Jalousie, die Bewohner aussperrt, regt unsere Schadenfreude an. Sie ist aber nicht typisch für SmartHome, sondern einfach das Ergebnis von gedankenloser Handwerksarbeit. Und den Kühlschrank, der gnadenlos immer wieder Bier nachbestellt, auch wenn man gar kein Bier möchte, nehmen wir irgendwo zwischen Kopfschütteln und Stirnrunzeln war. Damit möchte man nichts zu tun haben. Richtig so, denn das ist nicht SmartHome.

Dieses Buch will mit den Vorurteilen und Falschinformationen aufräumen, damit Sie den Blick frei haben, für den Nutzen und den Spaß an den smarten, neuen Möglichkeiten. Deshalb beschreibe ich am Ende auch eine kleine Auswahl an SmartHome Produkten, die Sie mit ein bisschen Geschick selbst in Ihr Haus und sogar in Ihre Mietwohnung einbauen können. Denn SmartHome lässt sich auch ganz einfach nachträglich einbauen und sogar bei einem Umzug mitnehmen. Und – wie schön - die Produkte sind viel billiger, als man denkt.

Machen Sie Ihr Leben doch einfach smart.

Viel Spaß und viele neue Erkenntnisse wünscht Ihnen

Günther Ohland

Was ist denn eigentlich ein SmartHome?

Der Begriff SmartHome hat sich zwar weltweit etabliert, mir gefällt er trotzdem nicht, weil er nicht erklärt, um was es wirklich geht. Es ist doch eigentlich völlig egal, wie smart das Haus oder die Wohnung ist. Ich als Bewohner möchte, dass mein Haus mir dient. Laut Wikipedia bedeutet „smart" übrigens („schnell", „gewitzt" oder „schlau").

Ich möchte doch eigentlich nur, dass mir mein Haus oder meine Wohnung lästige Routinearbeit abnimmt. Und das auch dann, wenn ich nicht zuhause bin. BMW würde den 3er auch nicht als „SmartCar" bezeichnen, nur weil er mit einem Bussystem (in diesem Fall CAN-Bus) vernetzt ist, eine zweistellige Anzahl von Mikroprozessoren aufweist, hunderte von Sensoren überwacht und unzählige Aktoren steuert. Beispielsweise smarte Assistenten wie ABS, ESP, automatische Scheibenwischer, automatisch abblendenden Innenspiegel, Einparkhilfe und was weiß ich noch alles. Zusätzlich passt eine Wegfahrsperre auf das Auto auf. Alles smart? Natürlich, aber „Smart Car"? Da war die Auto-Branche zu schlau: neue Begriffe fordern bei den Käufern Widerstände heraus. Verändert das Neue mein gewohntes Leben? Hoffentlich nicht. Verbesserungen, gerne, aber neu oder anders? Nein, bitte nicht.

SmartHome macht das Leben einfacher, schöner, sicherer. Für Menschen in jedem Alter. Damit das Leben so angenehm ist, wie man es erträumt oder wünscht.

Mit dem Begriff „SmartHome" müssen wir wohl solange leben, bis diese Technik ein völlig normaler Ausstattungs-Standard einer jeden modernen Wohnung geworden ist.

Was ist smart und was nicht

Häufig hört man, dass ein SmartHome sich dadurch auszeichnet, dass es mit einem Smartphone bedient wird. Kein SmartHome ohne Smartphone also? Das ist schlicht und einfach falsch und auch überhaupt nicht smart. Was soll denn toll daran sein, wenn man anstelle den Lichtschalter an der Wand zu betätigen, sich das Smartphone oder das Tablet suchen muss, eine App aufruft, die entsprechende Schaltfläche sucht, um dann darauf zu tippen? Das SmartHome soll vielmehr selbst durch intelligente Assistenten die Bewohner entlasten und nicht einfache, bewährte Technik durch – wie im Beispiel bezeigt - umständliches Hightech ersetzen. Sorry liebe Marketing-Strategen, Eure teure TV-Werbung, bei der der Junge auf das Smartphone tippt und dann die Rollos herunter fahren, zeigt mir, dass Ihr SmartHome noch nicht verstanden habt. Smart bedeutet, dass möglichst viele Routinearbeiten zur automatischen Ausführung an den „elektronischen Butler", also das SmartHome-System übertragen werden. Man vereinbart mit dem SmartHome die Regeln, und wie ein guter Butler führt es die Regeln aus. Natürlich auch dann, wenn man selbst nicht zuhause ist. Die Verlagerung einer Schaltfunktion von einem „dummen Schalter" auf einen „intelligenten", beispielsweise eine App entlastet ja niemanden. Sie erlaubt im besten Fall die Fernbedienung. Aber möchte man an der Strandbar überhaupt das Handy zücken, weil man zuhause die Rollos betätigen muss? Das kann doch wohl ein SmartHome selbst.

Vorurteile

Vorurteile sind im täglichen Leben wichtig und bequem. Von Zeit zu Zeit sollte man seine Vorurteile, die oft gar nicht auf eigenen Erfahrungen fußen sondern auf Hörensagen von Leuten, die es eigentlich wissen müssten, an der Realität spiegeln und gegebenenfalls korrigieren. Besonders dann, wenn sich Dinge entwickeln. Galt in den Anfangsjahren der Eisenbahn es als lebensgefährlich, schneller als 30 km/h zu fahren – das hält der menschliche Körper doch gar nicht aus – sind heute 250 km/h tägliche Routine.

SmartHome hat in den letzten zehn Jahren eine steile Entwicklungskurve erfahren. Vom Luxus-Spielzeug für Menschen, die sonst schon alles haben, zum sinnvollen und bezahlbaren Helfer für jedermann. Doch noch nicht jeder hat es und auch nicht jeder kennt jemanden, der es schon hat. Also ist man auf Geschichten angewiesen, von jemand, der jemanden kennt, der jemanden kennt, der schon ein SmartHome hat. So geht es auch vielen Journalisten. Immer auf der Suche nach spannenden Themen kommt das verrückte SmartHome vielen Journalisten gerade recht. Und was verkauft sich besser, als Skurrilität und Absurdität? Bekanntlich ist die Meldung „Hund beißt Frau" uninteressant. „Frau beißt Hund" ist dagegen ein Thema für Print, Funk und TV. Das ist völlig normal, denn wir alle gieren nach Sensationen. Das neue Thema SmartHome kommt da genau richtig.

Nur eine Minderheit weiß wirklich Bescheid. Behauptungen sind also nicht so leicht nachprüfbar und Emotionen sind in vielen Medien wichtiger als die Fakten.

Dumm auch, dass manche Hersteller glauben, dass sie ihr langweiliges Produkt aufpeppen können, wenn sie es als „smart" bezeichnen.

„Ja wenn doch der Weltkonzern „Jukiwuki" seinen Reiskocher als smart bezeichnet, weil er keinen Schalter mehr hat und nun mit dem Smartphone eingeschaltet wird, ist das doch bestimmt richtig, oder?"

Die großen Weltmarken bestimmen mit ihren Werbemillionen das Bild von SmartHome in der Öffentlichkeit. Schade, dass die bekannten Elektronik-Brands bei SmartHome bisher nicht viel mehr zu bieten haben als Marketing-Luftblasen. Was haben Samsung, Apple, Google, Philips smartes zu bieten? Smartphones, Apple eine SmartHome Definition namens Home-Kit, Google die Rauchmelder-Thermostat-Kombination Nest und Philips die per App bedienbare LED-Lampe Hue. Nichts davon erfüllt die wirklichen SmartHome-Kriterien. Doch wenn die Werbung lange genug trommelt, glaubt man am Ende, dass SmartHome aus buntem LED-Licht, Rauchmelder in der Cloud und Smartphone besteht.

Oder habe ich etwas vergessen?

Ein weiteres Vorurteil sagt, dass smarte Häuser ständig alle möglichen Informationen dem Internet verraten, welches dann dafür sorgt, dass man unaufgefordert Werbemails bekommt, oder Schlimmeres.

Falsch! SmartHome und Internet sind zwei Paar Schuhe. Das SmartHome braucht kein Internet! Sensoren und Aktoren sind im Haus. Sie melden an einen SmartHome-Rechner im Haus und bekommen von Ihm ihre Anweisungen. Wozu braucht es da das Internet?

Beispiel: **Wenn Sensoren melden** „Raumtemperatur im Wohnzimmer zu warm", „Heizung ist schon abgedreht", „Sonne steht vor dem Fenster und strahl herein",
Dann Aktor ausführen „Wohnzimmer-Rollo herunterfahren".

Wo ist hier bitte das Internet?
Ja, wenn man sein Haus oder seine Wohnung von außen, beispielsweise per Smartphone überwachen und steuern will, braucht man eine Datenverbindung zwischen SmartHome und Smartphone, und das ist nun mal das Internet. Diese Option lässt sich aber abschalten bzw. nur dann einschalten, wenn man sie braucht; im Urlaub oder

auf der Dienstreise. Sonst ist das SmartHome unabhängig und für das Internet nicht existent.

Es gibt aber auch SmartHome Produkte, die tatsächlich ohne das Internet nicht funktionieren. Die Hersteller umschreiben das mit dem Begriff „Cloud". Diese Produkte sind preislich etwas günstiger, als dezentrale, autarke SmartHome Systeme. Das hat seinen Grund. Man verzichtet vor Ort auf den SmartHome Rechner. Stattdessen kommunizieren alle Sensoren, also Licht- und Rolloschalter, Bewegungsmelder, Rauchmelder, Temperaturmelder, etc. mit einem SmartHome Gateway oder direkt mit dem Internet-Router, beispielsweise der Fritz-Box. Alle ermittelten Daten, also Temperatur, Taste gedrückt, Fenster geöffnet, etc. sendet dieser Router direkt ins Internet an einen Rechner des SmartHome Anbieters in der Internet-Cloud. Dort werden die Werte ausgewertet, also die Regeln angewendet, nachdem beispielsweise ein Rollo fahren soll. Anschließend sendet dieser Rechner in der Cloud den Befehl „Rollo runterfahren" an meinen Internet-Router und dieser dann weiter an den entsprechenden Rollo-Aktor. Das alles funktioniert prima. Obwohl der Weg der Daten weit ist, spürt man keine Verzögerung. Das funktioniert sehr gut, solange das Internet verfügbar und ausreichend schnell ist. Aber das kann man im High-Tech-Land Deutschland doch voraussetzen, oder haben Sie schon mal gehört, dass das Internet ausgefallen ist?

Wo ist das Problem?

Niemand weiß so genau, wo die Daten in der Cloud sind und was sonst noch damit gemacht wird. Sind die Daten sicher? Jüngste Ereignisse über das Hacking von Kundendatenbanken sogar eines Antivirenherstellers lassen Zweifel aufkommen. Solange sich der Anbieter und sein Cloud-Server im Geltungsbereich unserer Gesetze befinden, hat man wenigstens noch eine juristische Handhabe. Bei einem amerikanischen Anbieter oder gar einem asiatischen, hat man ganz schlechte Karten wie erst kürzlich die Äußerungen von Facebook, Google, Apple und Co. zeigten.

Eine häufig genannte Verschwörungstheorie lautet:

Wer nachts häufig den Lichtschalter der Toilette betätigt, verrät dem Cloud-SmartHome Provider, dass er ein Blasenproblem hat. Da muss man sich nicht wundern, von Werbung über entsprechende Mittelchen überschwemmt zu werden. Ich kenne niemanden, dem das tatsächlich passiert ist, technisch möglich wäre es schon. Und dann? Absender als Spam markieren und schon kehrt wieder Ruhe ein. Auch so bekommt man ab einem bestimmten Lebensalter merkwürdige Werbung. Woher wissen die Anbieter, dass man nun 65 geworden ist? Vom Einwohnermeldeamt. Die verkaufen ganz legal diese und andere Daten, auch ohne Internet.

Trotzdem ziehe ich persönlich eine Lösung vor, bei der meine Daten in meinem Haus bleiben. Ich entscheide selbst, wann ich mein Haus per Smartphone überwachen und bedienen will. Ich entscheide! Dafür zahle ich gern ein paar Euro mehr bei der Anschaffung.

Ja, aber das brauche ich doch alles gar nicht

Diesen Satz höre ich oft. Er ist natürlich wahr, aber was braucht man schon wirklich zum Leben? Einen Farbfernseher? Ein Smartphone? Eine warme Dusche? Einen Thermomix? Ein Auto, das schneller als 120 km/h fährt oder überhaupt ein Auto? Es ginge auch alles ohne. Aber nicht so schön. Die Sachen sind doch schon praktisch, wenn auch teuer, sie brauchen Pflege, gehen kaputt und nerven dann erst richtig, weil man sich an sie gewöhnt hat, ja sogar seinen Tagesablauf darauf ausgerichtet hat. SmartHome ist ehrlich gesagt, nicht anders. Man kann tatsächlich ohne leben, aber wozu? SmartHome macht das Leben einfacher, sicherer und spart noch Energie. Warum drauf verzichten? SmartHome wird in zehn Jahren völlig normal zu unserem Leben gehören und erst auffallen, wenn es einmal nicht gewünscht funktioniert.

Bei meinen Vorträgen frage ich die Ehrengäste in der ersten Reihe gelegentlich „wer eine Uhr für weniger als 29,95 Euro trägt, bitte Handzeichen geben". Da sind nicht gerade viele dabei. Die anderen frage ich, ob sie mit der teuren Uhr jetzt pünktlicher geworden sind. Natürlich sind sie es nicht. Aber die exakte Uhrzeit anzuzeigen ist doch die Funktion einer Uhr. Warum geben diese Leute so viel Geld aus, ohne dass sie davon einen Nutzen haben? Sie wissen es, es geht bei einer Uhr nicht nur um die Zeit, sie ist auch Schmuck - eigentlich der einzige gesellschaftlich akzeptierte Herrenschmuck - und zugleich Prestigeobjekt.

So ist das derzeit auch mit dem SmartHome. Nicht jeder Nutzen ist immer gleich zu erkennen. Vordergründig sind es die drei Säulen „Energieeffizienz, Komfort und Sicherheit". Den unterschwelligen Nutzen, den Prestigegewinn sollte man aber nicht unterschätzen. „Seht her, ich habe zwar keinen Butler, aber mein Haus nimmt mir viel Arbeit ab. Das lästige Rasenmähen macht der Rasenroboter, die Stauden gießt der Bewässerungsautomat, den Boden saugt (und wischt!) der automatische Bodenroboter, das Haus sorgt automatisch dort für Wäre und Licht, wo es notwendig ist und nachts sowie bei Abwesenheit passt es auf unseren Hausstand auf. Ich genieße das Leben." Na ist das nicht toll?

Nein, das alles braucht man nicht. Ofenheizung und Kohlen schleppen war doch auch ganz schön. Im Fernseher ist eh nur Schund. Mit öffentlichen Verkehrsmitteln kommt man überall hin und laufen hat noch niemanden geschadet. Bananen im Winter? Kommt nicht in die Tüte. Nein da sind wir konsequent. Wenn schon keinen Komfort, dann aber richtig!

Das Märchen vom Bier bestellenden Kühlschrank

Es vergeht keine Vortragsveranstaltung und kein Workshop über SmartHome, bei der ich nicht nach dem Milch oder was auch immer bestellenden Kühlschrank gefragt werde. Anfangs war ich amüsiert, irgendwann genervt und heute verstehe ich, dass noch unendlich viel Aufklärungsarbeit geleistet werden muss. Solange der besagte Kühlschrank noch in den Köpfen umhergeistert, ist die SmartHome Botschaft noch nicht überall angekommen. Er ist quasi zu einer Messlatte für SmartHome-Wissen geworden.

Nun aber zum besagten Kühlschrank. Es wurde und wird behauptet, dass die wichtigste Errungenschaft des SmartHome ein Kühlschrank sei, der je nachdem das Bier die Milch oder was auch immer nachbestellt. Ganz alleine, im Internet, und so dafür sorgt, dass Bier oder Milch niemals ausgehen. Toll.

Technisch wäre das möglich, für ein SmartHome allerdings ziemlich sinnlos. Da hat er nichts zu suchen. Dieser Kühlschrank wurde tatsächlich in Las Vegas auf einer Comdex-Messe vor vielen, vielen Jahren vorgestellt. Aber nicht für das SmartHome, sondern als Minibar-Kühlschrank fürs Hotel. Und da macht er Sinn, auch wenn er sich bisher nicht durchgesetzt hat.

Eine Minibar im Hotelzimmer hat immer den gleichen Inhalt. Getränke und Nüsse zu überhöhten Preisen. Eine kleine Flasche Sekt, eine kleine Flasche Rotwein, Mineralwasser und Bier. Öffnet nun der Gast die Kühlschranktür, sendet der smarte Kühlschrank ein Signal an die Rezeption: „Gast hat in den Kühlschrank gekuckt". Nimmt der Gast nun eine Flasche Bier heraus, erkennt der Kühlschrank dies, oftmals durch aufgeklebte RFID-Etiketten: „Flasche Bier entnommen". Das System geht nun davon aus, dass diese Flasche auch getrunken wird und führt zwei weitere Schritte aus: erstens wird die Flasche Bier auf die Gastrechnung gesetzt und zweitens bekommt sie der Minibar-Kellner auf seinen „Nachfüllzettel". Er weiß also, dass in genau diesem Zimmer die Flasche Bier ersetzt werden muss. Der Kühlschrank hat nachbestellt.

Dieses System entlastet das Servicepersonal ganz erheblich. Der morgendliche Kontrollgang von Zimmer zu Zimmer - vor der Abreise der Gäste natürlich - entfällt. Kühlschrank auf, nachschauen, Liste aktualisieren, Rezeption anrufen: „Zimmer 112 - 1 Flasche Bier", Kühlschrank auffüllen, Kühlschrank zu. Aber was hat das mit meinem oder Ihrem Kühlschrank zuhause zu tun?

Diese soeben beschriebene Lösung setzt einen systematisch eingeräumten Kühlschrank, ein Strichcode- oder RFID-Lesegerät und ein

Warenwirtschaftssystem (SAP-Home vielleicht?) voraus. Alle Waren müssen eindeutig identifizierbar sein, etwa per Strichcode oder RFID. Das trifft auf viele Artikel zu. Aber was ist mit Eiern und Salat? Wie bringen wir den Hühnern bei, den EAN-Strichcode gleich mit zu drucken? Was ist mit halb ausgetrunkenen Milchflaschen? Auch dafür gäbe es eine Lösung. Man könnte die Flaschen im Kühlschrank automatisch wiegen. Aber auf so eine Idee kann nur ein Techniker kommen. Mit der Lebensrealität hat es nichts zu tun, wie der gesamte SmartHome Kühlschrank.

Doch wenn wir schon mal dabei sind, kann man einen Kühlschrank überhaupt sinnvoll in ein SmartHome einbinden? Ja, da gibt es gute Gründe, die da wären:

- **Überwachung der Kühlschrank-Temperatur**

    Plus sechs Grad Celsius soll er haben. Wird dieser Wert nach oben überschritten, erkennt das Gerät dies und piepst. Ist man nicht zu Hause, kann man es leider nicht hören und die darin befindliche Ware nimmt Schaden. Smarte Kühlschränke melden die Störung an ein SmartHome System, das wiederum den Bewohnern eine SMS oder eine E-Mail schickt. Im Urlaub auch Tante Erna, die die Blumen gießt und nun auch nach dem Kühlschrank sehen kann. Vielleicht ist ja nur die Sicherung raus?

- **Tiefkühlschrank oder Kühltruhe**

  Die Temperaturüberwachung funktioniert exakt wie oben beschrieben, doch eine Tiefkühltruhe oder Schrank können mehr. Minus 18 Grad Celsius ist die Zieltemperatur. Weniger kalt, sollte es in der Truhe nicht sein, kälter ist kein Problem. Stellen Sie sich vor, sie erzeugen per Photovoltaik oder mit einem privaten Windrad selbst Strom. Zu bestimmten Zeiten, produzieren Sie mehr, als Sie verbrauchen können, Sie sollen vom Gesetz her aber möglichst viel verbrauchen und möglichst wenig ins Netz einspeisen. Da kommt Ihnen die Tiefkühltruhe gerade recht. Ihr SmartHome System misst natürlich den erzeugten und verbrauchten Strom in quasi Echtzeit. Bei Überproduktion schaltet SmartHome die Tiefkühltruhe auf minus 22 Grad. Nun fließt eine Menge Strom in die Truhe, solange, bis die neue Zieltemperatur erreicht ist oder die Stromerzeugung keine Überproduktion meldet. In den nächsten zwei Tagen wird Ihre Tiefkühleinrichtung keinen Strom brauchen. Sie nimmt sich erst wieder welchen, wenn die Temperatur wärmer wird als minus 18 Grad.

Das ist kein Science Fiktion, sondern heute bereits Realität. Miele und Bosch bieten bereits seit einiger Zeit fernsteuerbare Hausgeräte an, andere Unternehmen haben gleichartige Funktionen angekündigt. Es wird nicht mehr lange dauern, und alle Hausgeräte werden über eine smarte Service- und Steuerungsschnittstelle verfügen.

Das Märchen vom Einbrecher, der die Haustür mit dem Smartphone öffnet

Sie kennen sicherlich die Szenen aus „Mission Impossible" und „James Bond": Der Retter der Welt steht vor einer super gesicherten Tür. Schnell das Smartphone gezückt, ein paar Eingaben gemacht, tausende von Zahlenkolonnen flitzen über den Handy-Bildschirm und dann springt die Tür auf. Der Traum jedes Einbrechers und Albtraum aller Hausbesitzer und Mieter. Geht das? Im Hollywood Film ja, sonst eher nicht. Warum?

Lässt sich Ihre Haus- oder Wohnungstür überhaupt elektrisch öffnen? Auch wenn sie abgeschlossen ist? Wenn nicht, können Sie entspannt weiterlesen. Sie sind nicht betroffen.

Wenn doch, müssen Sie auch nicht bange sein. Bevor wir auf die technischen Gründe eingehen, einmal die menschliche Komponente. Bei der Kriminalpolizei rangiert Einbruch als primitiv-Kriminalität. Soll heißen, Einbrecher sind nicht besonders helle. Sie können perfekt mit Kuhfuß und Flach-Schraubendreher umgehen und bekommen so 95% der Türen und Fenster in weniger als 2 Minuten auf. Meistens in weniger als 30 Sekunden. Warum sich die Mühe mit dem Smartphone machen? Mechanisch geht es doch viel einfacher. Und – überlegen Sie mal – ein Einbrecher, der Hard- und Software, Netzwerke und Gebäudetechnik so beherrscht, muss nicht einbrechen. Der bekommt eine gut bezahlte Stelle in der Industrie. Wer also Angst vor Einbrechern hat – und die ist ja nicht unbegründet – muss zuallererst in mechanischen Grundschutz investieren. Das sind Fernsterbeschläge mit den so genannten Pilzköpfen. Diese Beschläge halten den meisten Einbruchversuchen stand. Wer es als Krimineller dennoch versuchen will, weil er weiß, dass sich im Haus reiche Beute machen lässt, macht beim Einbruch Lärm, der ganz sicher die Nachbarschaft auf den Plan ruft.

Sichere Fensterbeschläge mit Pilzköpfen sind als Erstausstattung nur unwesentlich teurer, als konventionelle, unsichere Beschläge. Warum sind sie dann nicht schon längst der Normalfall? Warum bieten Handwerker überhaupt noch die unsicheren Beschläge an? Weil es immer so war?

Falls Sie keine Pilzkopf-Beschläge haben, lassen Sie sie nachrüsten. Es ist gut für einen ruhigen Schlaf, auch im Urlaub. Die Erfahrung der Kriminalpolizei sagt, dass Einbrecher maximal ein bis zwei Minuten probieren, einzudringen. Wenn es nicht geht, ist halt der Nachbar dran. Die Kriminalstatistiken der letzten zwei Jahre belegen übrigens eine wachsende Zahl von misslungenen Einbrüchen, nämlich dort, wo man vorgebeugt hat.

Kommen wir zur SmartHome Technik. Was müsste James Bond II tun, um ein elektrisches Schloss, das in die Gebäudetechnik eingebunden ist, zu öffnen?

1. Er müsste wissen, dass die entsprechende Tür über die besagte Technik verfügt
2. Er müsste wissen, um welche Art der Gebäudetechnik bzw. um welches Bussystem es sich handelt. LCN, KNX, Digitalstrom, ZigBee, Z-Wave, EnOcean, EQ3, RWE,... Ich könnte hier noch lange weitermachen. Alle Systeme sind unterschiedlich, senden unterschiedlich kodiert auf verschiedenen Frequenzen, sind zum Teil verschlüsselt, etc. Vielleicht wäre es da einfacher, über das lokale Netzwerk einzudringen? Das WLAN macht bekanntlich an der Grundstücksgrenze nicht halt. Aber Ihr WLAN haben Sie doch professionell geschützt, oder? Hohe Verschlüsselung, sicheres Passwort, der Netzwerkname weist nicht direkt auf Sie hin, also nicht Netzwerk Meier, falls Sie Meier heißen. Nehmen Sie Müller, das verwirrt. Aber auch das ist „knackbar", aber mit welchem Aufwand. Was glauben Sie, wenn jemand stundenlang im Auto vor Ihrem Grundstück sitzt, mit Laptop und eventuell Antenne, macht sich da nicht einer der Nachbarn Gedanken und so nebenbei ein

paar Fotos mit dem Smartphone? Das Risiko ist doch für den Einbrecher viel zu hoch. Dann doch lieber die Brachialmethode mit dem Brecheisen.

3. Falls es doch möglich war, ins Netzwerk einzudringen, müsste der Kriminelle nun herausfinden, unter welcher IP-Adresse sich das SmartHome-Gateway bzw. der SmartHome Rechner befindet. Hat er diese gefunden, muss er das Gebäudenetzwerk analysieren und herausfinden, unter welcher Adresse sich das Türschloss befindet und mit welchem Befehl es sich öffnen lässt.

Kurz gesagt, technisch möglich, der Aufwand steht aber in keinem vernünftigen Verhältnis zum möglichen Ertrag. Und Kriminelle können kaufmännisch denken, auch Primitiv-Kriminelle.

Jetzt gieße ich etwas Wasser in den Wein. Was denn, wenn ein Einbrecherbandenboss auf den Gedanken kommen würde, sich einen Super-Hacker zu mieten? Denkbar, aber auch den müsste die Bande ja vom Ertrag zahlen und die „Kollegen" haben Stundensätze von denen mancher SAP-Berater träumt. Die Verwenden ihr Talent für lohnendere Aufgaben. Sie knacken beispielsweise den Server der Presseabteilungen von DAX-Konzernen und lesen bereits vor der Veröffentlichung

Aktienkursrelevante Presseinfos. So lässt sich sehr schnell sehr viel Geld verdienen, ohne sich einem besonderen Risiko auszusetzen.

Darf ich noch einmal Wasser in den Wein gießen? Zwischen Wohnungen und Privathäusern auf der einen und öffentlichen Gebäuden auf der anderen Seite besteht ein entscheidender Unterschied: die öffentlichen Gebäude sind für jedermann zugänglich. Es ist risikolos, im Rathaus, dem Flughafen oder der Sparkasse auf die Gästetoilette zu gehen. Meist haben diese Gebäude abgehängte Decken, weil dort Kabelwannen mit Strom-, Telefon und Datenkabeln liegen. Die Datenkabel der Gebäudeautomation sind leicht zu finden, ebenso leicht sind sie anzuzapfen. Als High-Tech-Einbrecher würde ich dort einen Datenlogger platzieren und so über ca. eine Woche alle Daten sammeln, die über den Datenbus gehen. Irgendwann holt man seinen gefüllten Datenspeicher wieder ab. Zuhause lässt er sich nun in Ruhe auswerten. Mit diesen Informationen ist es dann unschwer möglich, Licht und Rollos, eventuell die Heizung zu beeinflussen und die eine oder andere Tür zu öffnen. Die Alarmanlage werden sie nicht ausschalten können, so leichtsinnig wird hoffentlich niemand die Elektroinstallation geplant haben.

Nein, dies ist kein Unsinn, sondern bewiesene Tatsache und hat Sicherheitsexperten ziemlich aufgescheucht. Die Sicherheitsverantwortlichen von Verwaltungen, Krankenhäusern, Banken, Flughäfen und der Wirtschaft suchen gemeinsam mit Softwareunternehmen aktuell nach Lösungen. Die Probleme betreffen Sie und mich in unserem Wohnumfeld allerdings nicht.

Der Ex, der seinen Nachfolger per Fernsteuerung nervt

Es ging durch alle Medien: Der Exfreund nervt seine Ex-Freundin und seinen Nachfolger bei Ihr durch SmartHome. Ist der „Neue" da, schaltet er die die Klimaanlage auf frostige 15 Grad, damit es bloß nicht zu kuschelig wird. Ist niemand da, fährt er die Heizung hoch, damit die Fische im Aquarium schwitzen und die Pflanzen eingehen. Perfider Terror mit SmartHome Technik. Ja so etwas steht uns bevor, wenn SmartHome zum Standard wird, oder?

Welch ein Unsinn. Wie blöd ist denn diese Exfreundin? Er soll froh sein, dass er sie los ist. Der Terror-Ex hat immer noch Zugang zu ihrem Netzwerk? Mein Ratschlag an die Dame: „Melde ihn ab, lösche seinen Account, ändere das Passwort! Und - kann Dein Neuer das nicht?"

Aber ganz im Ernst, SmartHome macht den ganzen Ärger bei der Trennung doch einfacher. Niemand muss hinter dem Wohnungsschlüssel herrennen. Hat er oder sie sich womöglich einen Nachschlüssel gemacht? Alles ganz easy: Lover weg, Account löschen und fertig!

Der Staubsauger, der Gardinen frisst

Sie haben sicher schon von den automatischen Staubsaugern gehört, die durch die Wohnung fahren und Staub, Schmutz und Hundehaare einsammeln. Sie saugen alles auf, was sie am Boden finden. Und so ein Helferlein soll in einer Wohnung die Gardine gefressen und in einer anderen Wohnung die teure Leuchte „geschrottet" haben. Unsinn? Nein, wohl eher nicht.

Diese eigentlich sehr hilfreichen Saugroboter tasten den Boden ab und wenn sich dort etwas befindet, dass sich anders anfühlt als Fußboden wird es aufgesaugt. Und wenn eine Gardine bis auf den Boden reicht, will der Saugroboter sie entfernen. Nur zu dumm, dass so eine Gardine kein kleines Teilchen ist, aber das kann der Saug-Robby ja nicht sehen. Er schnappt sich den ersten Millimeter und legt los. Da gibt es für den emsigen Staubsauger einiges dran zu arbeiten. Er wird die Gardine nicht ganz schlucken können, dafür ist der Staubbehälter zu klein, doch der teure Vorhang ist nach dem Versuch wohl nur noch etwas für den Müll. Also, Gardinen nicht auf dem Boden ablegen.

Ähnlich verhält es sich mit elektrischen Kabeln. Die teure Tischleuchte mit Stromkabel wird den Kampf gegen den Staubsauger verlieren. Er greift sich das Kabel und zieht es in sich hinein und irgendwann kommt die teure Lampe samt Fuß und Schirm halt mit. Also auch hier: Kabel „Robby-sicher" verlegen. Nicht über den Boden.

Bei einigen Saugrobotern kann man bestimmte Zonen ausblenden. Diese Zonen „betritt" der Sauger nicht und lässt dort alles in Ruhe, Kabel, Gardinen, etc.

Übrigens haben Haustiere mit den Robotern überhaupt keine Probleme. Bei YouTube gibt es dutzende Videos, wo Katzen ihren Saugroboter entern und sich mit ihm durch die Gegend fahren lassen. Wenn Ihnen also jemand erzählen will, dass der automatische Staubsauger die süßen Kätzchen gefressen hat, glauben Sie ihm nicht.

Und was ist bei Stromausfall?

Tja, diese Frage höre ich bei jedem Vortrag und ich mag sie ganz besonders gerne, weil sie die simplen Ängste zeigt, die wir alle mehr oder weniger Technik gegenüber haben. Was wäre, wenn die Technik ausfällt, wenn der Strom weg ist? Was soll schon sein, ohne Strom wird es nachts dunkel sein. Elektrische Rollos gehen nicht mehr. Weder rauf noch runter. Fernsehen kann man auch nicht und natürlich funktioniert der SmartHome Rechner nicht mehr. Wozu auch, wenn doch alles das, was er steuern möchte „tot" ist. Und was ist, wenn der Strom wieder da ist? Dann funktioniert wieder alles. Auch neuere TV-Geräte müssen ihr Betriebssystem „booten", genau wie der SmartHome Rechner oder der Internet-Router. Nach drei bis vier Minuten läuft alles wieder so, wie zuvor. Die Angst, dass nach einem Stromausfall tagelang Techniker das Haus auf den Kopf stellen, ist völlig aus der Luft gegriffen.

Tja, was ist bei Technikausfall? Haben Sie sich diese Frage schon einmal in Zusammenhang mit Ihrem Auto gestellt? Glauben Sie, wenn Sie den Blinkerhebel nach links stellen und „tack, tack" hören, dass dies das Blinkrelais ist wie damals beim VW-Käfer? Nein das Geräusch kommt aus den Lautsprechern. Es gibt kein Blinkrelais mehr. Die Blinker werden vom Bordrechner per Bussystem (CAN-Bus) angesteuert. Nun ja, wenn der Blinker nicht mehr geht, ist es nicht so schlimm. Aber wussten Sie, dass auch das Gaspedal und die Bremse so funktionieren? Fällt die Technik aus, wird es echt lebensgefährlich. Und Sie trauen sich mit 200 km/h über die Autobahn? Echt mutig. Was da so alles passieren könnte. Sie vertrauen sogar ABS und ESP und die Auffahrverhinderungsautomatik und was es sonst noch so alles gibt. Schon mal was davon gehört, dass sich plötzlich ein Airbag geöffnet hat? Alles schon dagewesen. Technik birgt immer ein Restrisiko. Bei SmartHome ist es im Gegensatz zum Auto allerdings wirklich harmlos. Was kann denn passieren? Die Heizungstemperaturen sind falsch, zu warm oder zu kalt. Ein Rollo geht nicht rauf oder nicht runter. Eine Leuchte geht nicht an oder nicht aus oder lässt sich nicht dimmen Alles unangenehm und lästig, aber nicht lebensgefährlich.

Das Haus macht was es will und ich bin sein Sklave

Mit der folgenden Grafik möchte ich zeigen, wie die Deutschen im Allgemeinen über SmartHome denken und wo ihre Ängste und Vorbehalte liegen. Vielen Dank an www.Statista.com für die tolle Grafik.

„Sorge um die Privatsphäre", also die Angst, dass das Haus „ausplaudert", was wir Bewohner in ihm machen, steht an erster Stelle. Diese Angst ist nicht ganz ohne Realitätsbezug, doch dazu später mehr. In diesen Themenbereich fällt auch die Furcht vor dem Hacker, der per PC oder Smartphone die Tür öffnet oder das Licht ausschaltet. Das Thema hatten wir schon. Die Angst vor dem Neuen, Unbekannten -

„Automatisierung ist unheimlich" – wird sich von allein geben, wenn wir uns erst einmal daran gewöhnt haben und SmartHome-Funktionalitäten allgegenwärtig und eben nicht mehr neu sind. Aber bis dahin besteht die Situation, dass die meisten Menschen nicht im Detail verstehen, was SmartHome soll, welcher Nutzen für sie drin ist und das die smarten Assistenten überhaupt nicht unheimlich sind, sondern das Heim noch heimeliger machen. Die Ursache der Angst ist vermutlich, dass technische Dinge gern von Technikern sehr technisch erklärt werden. Auch um deutlich zu machen, wie stolz sie darüber sind, so etwas Tolles erschaffen zu haben. Dem Anwender bzw. Nutzer ist das aber egal. *„Watt bringt misch datt",* würde der Rheinländer wohl fragen. Sorry, liebe Techniker: Technik ist Mittel zum Zweck und nichts anderes. Kunden kaufen Nutzen, sonst nichts. Keine Technologie, keine Mikroprozessoren der „4th Generation", keine „portierbare Anwendung in Java", sondern ausschließlich den Nutzen. Und wenn Hersteller und Anbieter ständig über Technologie, Netzwerke, Schnittstellen, Protokolle und ähnliches sprechen, müssen sie sich nicht wundern das normale Menschen dies nicht kaufen oder lieber nicht haben wollen.

In Wirklichkeit ist am SmartHome überhaupt nichts Geheimnisvolles oder Beängstigendes. Das SmartHome ist unser Technik-Sklave. Die Technik macht exakt das, was wir von ihr wollen. Möchten wir, dass die Rollos eine Stunde nach Sonnenuntergang herunterfahren, spätestens aber um 22:00, dann realisiert das SmartHome genau dies. Wenn wir dann noch befehlen, dass das Rollo an der Terrassentür niemals heruntergehen soll, wenn die Tür nicht geschlossen ist – nämlich als Aussperrschutz – dann führt das SmartHome auch dies sklavisch aus. Unser Technik-Sklave – wir sollen ihn besser als smarten Butler betiteln – arbeitet unsere Anweisungen ab. Egal ob wir zuhause sind, oder nicht und sorgt so für Sicherheit, Energieeffizienz und Komfort.

Ob das Programm, dass dies alles realisiert, in der Programmiersprache C++ oder Java geschrieben ist, soll uns völlig egal sein. Damit muss sich der Programmierer des Herstellers herumschlagen, wir nicht und unser Installateur auch nicht. Entgegen der landläufigen Meinung werden SmartHomes nämlich nicht programmiert. Das war vor 20 Jahren noch so, als die Errichtung einer smarten Luxusvilla von Diplomingenieuren als individuelles Projekt vorgenommen wurde. Das ist langst Geschichte!

Nein, wir sind nicht die Sklaven eines Technikmonsters, einer Wohnmaschine, sondern im Gegenteil: die nahezu unsichtbare Technik, bedient uns. 24 Stunden am Tag, 365 Tage im Jahr, bedingungslos. Ohne Urlaub, Krankheit oder Streik. Ja, da kann auch mal etwas kaputt gehen. Es ist halt nur Technik. Auch ein Fernseher oder eine Mikrowelle gehen kaputt, auch das inzwischen technisch hoch komplexe Auto. Dann muss es repariert werden. Wenn viele Leute wüssten, welche technischen Vorgänge in ihrem Auto ablaufen, wie viele Busse, Controller, Prozessoren, Sensoren und Aktoren ständig tätig sind, damit das Auto fährt und bremst, sie würden wohl lieber das Fahrrad nehmen. Die heutige Automobiltechnik ist sicherlich um den Faktor 10 komplexer und störanfälliger, als ein gut ausgebautes SmartHome. Und wenn Sie einmal die möglichen Auswirkungen von Fehlern betrachten: dem Auto vertrauen Sie Ihr Leben an. Ein Fehler könnte dazu führen, dass der Wagen nicht mehr bremst oder plötzlich Vollgas gibt, oder die Türen sich nicht mehr öffnen lassen. Was kann im Heim passieren? Die Heizung liefert die falsche Temperatur, Rollos und Leuchten gehorchen nicht mehr. Spielt man – im Gegensatz zum Automobil - hier mit seinem Leben? Wohl nicht.

Es besteht also kein Grund zur Panik. Genießen Sie den Service, den Ihnen Ihr Heim-Butler ohne zu klagen bietet. Und je mehr Routineaufgaben sie auf ihn auslagern, desto höher Ihr Genuss.

Im SmartHome ist überall krank machender Elektrosmog

Bei diesem Thema fällt mir der Witz des Mobilfunk-Managers ein, der bekannt gibt, dass auf dem Haus gegenüber nun der Sendemast errichtet wurde. Prompt meldet sich jemand und behauptet, dass er seitdem schlecht schlafen kann. Die Antwort des Mobilfunkers? Was meinen Sie wie das erst wird, wenn wir ihn einschalten.

Nun, da ist bestimmt viel Wahres dran, aber trotzdem, wenn allein das Gefühl, dass Elektrosmog krank machen könnte, zu gesundheitlichen Störungen führt, muss man handeln. Eine Möglichkeit ist, sich die Fakten anzusehen und zu verstehen.

Das wohl über jeden Verdacht, Parteigutachten zu erstellen, erhabene *Ecolog-Institut Hannover* hat gemessen und kam zu ganz unerwarteten Ergebnissen. Doch eins nach dem anderen:

Funksysteme wie ZigBee, Z-Wave, eQ-3, RWE und EnOcean haben es möglich gemacht, auch bereits bestehende Gebäude ohne Schmutz und Bauarbeiten smart zu machen. Kabelgebundene Systeme wie KNX und LCN baut man dagegen am besten dann ein, wenn ein Gebäude neu errichtet oder von Grund auf saniert wird.

Funk ist aus Sicht vieler Benutzer und Errichter wegen seiner einfachen Installierbarkeit die ideale SmartHome Technologie, denn was im Bestand realisierbar ist, geht natürlich auch im Neubau. Doch die Endkunden, Benutzer, User oder auch Verbraucher genannt, haben Bedenken gegen die vielen funkenden Schalter und Sensoren in ihren heimischen vier Wänden. Zu Recht? Was steckt dahinter?

Wir sind heute bereits hochfrequenter Bestrahlung von vielen Quellen ausgesetzt:

Schnurlostelefone (DECT), Mobilfunk (GSM, UMTS, LTE), Wireless Local Area Network (WLAN) und nun auch noch die Haussteuerung. Die Macher der EnOcean-Technologie wollten es ganz genau wissen und haben im Jahr 2009 das ECOLOG Institut für sozial-ökologische Forschung und Bildung GmbH in Hannover mit einem Gutachten mit dem Titel „Hochfrequenz-Emissionen von Funkschaltern der Firma EnOcean" beauftragt.

Zweck dieser Untersuchungen war es, "das von EnOcean-Funkschaltern emittierte, elektromagnetische Hochfrequenzfeld bezüglich eventueller schädlicher Wirkungen" durch eine neutrale Stelle bewerten zu lassen und messtechnisch mit Hochfrequenz Emissionen etablierter Technologien zu vergleichen. Wissenschaftlich ermittelt wurde die hochfrequente Leistung pro Quadratmeter, die so genannte Leistungsflussdichte.

Die Ergebnisse sind beruhigend für EnOcean, aber doch ein bisschen erschreckend für uns alle, denn es ist uns häufig garnicht bewusst, was da alles um uns herum und mit welcher Intensität strahlt.

Was bedeutet das nun?
Konventionelle Lichtschalter verursachen in dem Moment, indem man sie mit dem Finger betätigt – und dabei selbst nur etwa einen Meter entfernt davor steht – durch den für uns unsichtbaren, aber manchmal hörbaren sogenannten Abreißfunken eine ca. 100-fach höhere Hochfrequenz-Emission als ein SmartHome EnOcean-Funkschalter. Dabei ist der "Schaltfinger" sogar nur Millimeter vom Abreißfunken entfernt.

Beide Strahlungen, Abreißfunke beim konventionellen Schalter und EnOcean-Funk-Telegramm, werden allerdings nicht ständig ausgesendet, sondern immer nur dann, wenn man die jeweilgen Taster oder Schalter betätigt. Der konventionelle Lichtschalter schaltet die 230-Volt-Leitung des Verbrauchers, beispielsweise einer Lampe, direkt. Der EnOcean-Schalter löst per Funk nur einen 230-Volt-Schaltvorgang bei einem Funkaktor aus, der an anderer Stelle ist. Dieser Aktor ist in der Regel jedoch im Metall-Schaltschrank untergebracht und damit ungefährlich für die Bewohner des Gebäudes. Sehr häufig verwenden EnOcean-Aktoren keine Relais mit Kontakten, sondern Halbleiterschalter, die keinen Abreißfunken erzeugen, oder Relais, die im Nulldurchgang schalten und so einen Abreißfunken gar nicht erst entstehen lassen. Die Hochfrequenzbilanz spricht also deutlich für Funk.

Gerät/Anlage	Leistungsflussdichte (W/m²)	Abstand (Meter)	Dauer
EnOcean Sender	0,000013	1	Wenige Millisekunden
Konventioneller Lichtschalter	0,0015	1	Wenige Millisekunden
WLAN Access-Point	0,01	2	Dauerhaft
WLAN Teilnehmer, z.B. SmartPhone	0,1	0,5	Dauerhaft
DECT-Telefon	1	0,1	Während Telefonat
Mobilfunkgerät	12 – 42	0,1	Während Telefonat

Vergleichen wir die Strahlung von 0,000013 W/m² von SmartHome-EnOcean-Funk, gemessen in einem Meter Entfernung, mit der kontinuierlich strahlenden 0,1-W/m²-Hochfrequenzleistung einer WLAN-Karte im Laptop oder Smartphone, so lässt sich leicht ableiten, dass der EnOcean-Gebäudefunk bedenkenlos akzeptiert werden kann. Seine Leistung ist nämlich 100.000-fach geringer.

Es kommt jedoch nicht nur auf die Hochfrequenzfeldstärke an, sondern auch darauf, wie lange das Signal gesendet wird. Je kürzer eine Übertragung ist, desto weniger Strahlung wird erzeugt. Die Aufgabe von Bluetooth und WLAN ist es, Kabel durch Funk zu ersetzen. Deshalb müssen sie immer aktiv – sprich: „on air" – sein. Sensorsysteme wie EnOcean-Thermometer oder Wandtaster senden nur dann ein extrem kurzes Telegramm, wenn sich die Temperatur geändert, oder jemand den Taster betätigt hat und von Zeit zu Zeit, um zu melden, dass sie noch da und funktionsfähig sind.

Das ECOLOG-Gutachten können Sie hier aus dem Internet laden: http://www.opusgreen.net/sites/default/files/download/ecolog-gutachten.pdf oder verkürzt: http://bit.ly/1LkQDC2

Wer eine Abneigung gegen Hochfrequenz-Strahlung hat oder vermutet, dass diese ihn langfristig krank machen könnte, müsste nach diesen Ergebnissen seine konventionellen Lichtschalter entfernen und durch EnOcean-Funkschalter ersetzen. Das Ergebnis wäre eine 100-fach geringere HF-Strahlung. Doch es lohnt sich vermutlich mehr, sich die anderen "Funk-Sender" im Haus einmal kritisch anzusehen.

Ein paar Tipps

DECT-Telefon und Basisstation sind starke Sender und gehören nicht ans Bett. Prüfen Sie, ob Ihr DECT-Schnurlostelefon das ECO-DECT-Siegel hat. Sehr viele ältere Modelle ohne ECO-Siegel senden unsinnigerweise sogar dann mit voller Sendeleistung, wenn das Mobilteil in der Basisstation steckt. Tauschen Sie diese „Dauerstrahler" aus.

Der WLAN-Access-Point bzw. der WLAN-Router soll günstige Funkausbreitungsbedingungen und somit einen guten Standort im Gebäude haben. Deshalb ist er im abschirmenden Metall-Schaltschrank im Keller nicht gut aufgehoben. Er gehört auch nicht ins Kinderzimmer oder auf den Schreibtisch im Home-Office, sondern ein paar Meter davon entfernt aufgestellt. Bei guten Produkten lässt sich die Hochfrequenzleistung leicht den Gegebenheiten anpassen oder sie machen das sogar automatisch. Bei der weit verbreiteten FRITZ!Box lässt sich WLAN auch per Telefon ein- bzw. ausschalten.

Mobilfunkgeräte, also Handys, Smartphones und viele Tablets, suchen kontinuierlich nach einem Funkmasten, um sich bei der Funkzelle anzumelden. Ist dies erfolgt, reduzieren sie die Sendeleistung so weit wie möglich, ohne den Kontakt zu verlieren. Das bedeutet aber umgekehrt: Befinden Sie sich in einem funktechnisch schlecht versorgten Gebiet oder Funkloch, versucht Ihr Handy immer wieder durch Erhöhung der eigenen Sendeleistung sich bei einer Station anzumelden. Sie sollten das Handy also keinesfalls neben das Bett oder gar unter das Kopfkissen legen. Ein bis zwei Meter Abstand führen schon zu einer starken Reduktion der Strahlung, die auf den Körper trifft.

Viele moderne Schlafzimmer verfügen über eine „Spannungsfrei-Schaltung". Nachts werden alle elektrischen Verbraucher im Schlafzimmer abgeschaltet. Alle diese Maßnahmen sind völlig sinnlos, wenn ein strahlendes Handy oder schnurloses Telefon auf dem Nachtschrank liegt.

Fazit

Der Gebäudefunk an sich ist für die Gesundheit unbedenklich. EnOcean sendet deutlich weniger hochfrequente Strahlen aus als eine konventionelle Elektroverkabelung und ist der mit Abstand kleinste Hochfrequenzsender im Haus.

ZigBee, Z-Wave, EQ3 und RWE SmartHome erreichen nicht ganz so gute Werte wie EnOcean – allein schon wegen der Tatsache, dass der EnOcean-Funk die kürzesten Funktelegramme sendet. Sie sind aber um Größenordnungen besser als die hier beschriebenen DECT-, WLAN- und Mobilfunk-Geräte.

Warum die smarte Mausefalle sinnvoll ist

Smarte Mausefalle? Was soll das denn nun? Ja, kein Scherz. Es gibt Mausefallen, die melden, wenn sie „belegt" sind. Es gibt sie in der „schlagenden Version", also Maus tot, oder in der „nicht schlagenden Version": Maus wird lebend gefangen. Die Killerfalle ist allerdings die normale. Die Lebend-Falle wurde speziell für die Lebensmittelindustrie entwickelt. Dort möchte man verständlicherweise keine Kadaver neben Lebensmitteln im Lager liegen haben. Bevor nun aber die gefangenen Mäuse in der Falle an Stress sterben, müssen sie – auch das ist Gesetz – innerhalb von 2 Stunden befreit werden. Bei „unsmarten" Fallen bedeutet das, dass ein „Fallenwart" ständig auf Kontrollgang zu den diversen Fallen ist. Erstens teuer und zweitens wird so manches Nagetier durch den Falleninspektor verscheucht.

Die smarte Falle lauert unbeaufsichtigt im Dunkel des Lagers. Hat sie zugeschnappt, sendet sie ein Funktelegramm an den „Manager der Fallen". Dieser weiß nun genau, um welche Falle es sich handelt und er kann das arme Tier in kürzester Zeit der Falle entnehmen und draußen in der Natur wieder freilassen.

Eine echte Win-Win Situation. Für den Lebensmittelkonzern und die Maus. SmartHome kann ja so schön sein.

Die ganze Technik kostet mehr Strom, als sie spart

Hinter dieser Aussage steckt eine vernünftige Überlegung und dennoch ist sie falsch. Es ist richtig, dass Elektronik zum Betrieb Energie, in diesem Fall Strom benötigt. Schließlich wartet der Temperatursensor 24 Stunden am Tag, dass sich die Temperatur ändert. Dazu führt er alle paar Minuten eine Messung durch. Und wenn es einen Unterschied zu melden gibt, tut er dies. Per Funk oder per Kabel. Ja, das benötigt ein winziges bisschen Energie. Auch Aktoren, also die kleinen Elektronik-Teile, die in die Wand oder den Schaltschrank eingebaut werden und die letztlich den 230 Volt Netzstrom schalten, damit die Leuchte an oder aus geht oder die Jalousie sich bewegt, brauchen Strom. Alle diese elektronischen Teile benötigen Energie, auch wenn sie nur auf Befehle der SmartHome Zentrale warten. Und natürlich die SmartHome-Zentrale auch. Aber wieviel ist das denn? Und wieviel Energie spart die Technik?

Ein typischer Einbau-Aktor verbraucht ca. 0,01 Watt im Standby-Betrieb. Gehen wir von 8 Jalousien = 8 Aktoren, 5 Dimmern und 3 Schaltern aus. Dann sind das 16 X 0,01 Watt, also 0,16 Watt. Das multiplizieren wir mit 365 Tagen und 24 Stunden. Das Ergebnis ist 1.400 Wattstunden beziehungsweise aufgerundet 1,5 Kilowattstunden kWh. Im Jahre 2015 müssten Sie dafür ca. 45 ct zahlen.

Nun kommt noch die SmartHome-Zentrale dazu. Diese verbraucht typisch zwischen 5 und 30 Watt. Das entspricht 44 bis 263 kWh, also zwischen etwa 20 € und 80 €.

Der Verbrauch der Sensoren hängt von ihrer Bauart ab. Einige benötigen Batterien, EnOcean-Sensoren versorgen sich selbst mit elektrischer Energie per Solarmodul, Peltier-Element oder kinetischer Energie. Wenn Sie sich für dieses spannende Thema - Energy Harvesting genannt - interessieren, schauen Sie doch einmal nach auf www.enocean.org.

Im besten Fall kostet Sie der Strom für Ihr SmartHome komplett also ca. 20,45 €, im schlechtesten Fall 80,45 € im Jahr, Jahr für Jahr.

Was steht dem gegenüber?

1. **Komfortgewinn**

Was sind immer richtig geöffnete oder geschlossene Jalousien Ihnen wert? Wieviel Heizkosten sparen Sie, weil im Winter die Jalousien jede Nacht automatisch geschlossen werden und Haus oder Wohnung dadurch weniger Wärme verlieren? Das hängt natürlich von der Isolation Ihrer Fenster ab. In der Praxis hat sich gezeigt, dass allein dieser Punkt, die Strom-Mehrkosten einspielt. Denken Sie auch an die Stromersparnis der Komfortfunktion „Automatisches Licht". Sie können nicht mehr vergessen, Licht auszuschalten. Auch das spart, wenn auch nur wenig.

2. **Sicherheitsgewinn**

   Wieviel Euro ist es Ihnen Wert, über nicht verschlossene Fenster informiert zu werden? Und da ist ja noch die Energiesparende Nebenfunktion der Fenstersensoren. Ist ein Fenster nicht geschlossen, ist die Heizung in diesem Raum aus. Das Heizkörperventil wird zugedreht. Sie heizen buchstäblich nicht mehr zum Fenster hinaus. Einsparpotenzial ca. 150 Euro pro Jahr.

3. **Energieeffizienz**

   Nachdem die wesentlichen Einsparmöglichkeiten schon in 1 und 2 genannt wurden, bleibt als klassischer weiterer Punkt das Temperatur-Zeitprofil. Normale Heizungen und auch fortschrittliche mit Einzelraumregelung versuchen, die Vorgabetemperatur von beispielsweise 21°C einzuhalten. Nachts senkt dann die so genannte Nachtabsenkung die Gesamttemperatur der Heizung auf beispielsweise 18°C ab. So weit so gut. Sie haben aber sicher Räume, die Sie nur zu bestimmten Zeiten nutzen und nur dann müssen sie warm sein. Zum Beispiel das Kinderzimmer. Warum soll dies am Vormittag schon auf 22° aufgeheizt werden, wenn die Kinder doch erst um 13:00 von der

Schule kommen? Warum soll das Bad den ganzen Tag 22° oder mehr haben, wenn es doch nur am Morgen – und dann ist noch wärmer angenehmer – und am Abend wirklich genutzt wird? Mit Temperatur-Zeitprofilen lassen sich mindestens 20% häufig sogar 30% der Heizkosten des entsprechenden Raumes einsparen.

Wenn Sie einmal Ihre Heizkostenrechnung zur Hand nehmen, werden Sie feststellen, dass die Betriebskosten für die smarte Elektronik gegenüber den Einsparungen nicht wirklich ins Gewicht fallen.

Smart macht also nicht nur Spaß, smart spart auch noch und das Vorurteil ist widerlegt.

Darum sollten Sie Ihr Heim unbedingt smart machen

SmartHome war bis vor wenigen Jahren etwas für gut situierte Leute, die sonst schon alles hatten und für Technik-Spinner. Mit sehr viel Geld haben sie sich ihr Haus automatisiert. Einen wirklichen Nutzen hatte das alles nicht, wenn man vielleicht vom Prestigegewinn einmal absieht.

Das ist heute ganz anders. Es gibt handfeste Gründe, die Wohnung oder das Haus in dem man lebt, zu „smarten".

Grund Nummer 1 – Energiepreis

Auch wenn heute (Ende 2015) Öl so günstig ist wie schon lange nicht mehr, mittelfristig, oder schon nächsten Donnerstag vielleicht, steigt der Preis für fossile Energien, weil der Vorrat der Erde an Öl und Gas endlich ist. Ehe wir in Deutschland mit Strom aus erneuerbaren Energien heizen, wird wohl noch eine lange Zeit vergehen, auch wenn es in diese Richtung gehen wird. Bis dahin, heißt es, so wenig Öl und Gas verbrauchen wie möglich, ohne auf Komfort zu verzichten.

Die Heizungsindustrie sieht noch Verbesserungspotenzial bei ihren Heizkesseln und Thermen, diese sind aber eher im einstelligen Prozentbereich. Auch das Einsparpotenzial durch Gebäudedämmung ist ausgereizt. Bleiben noch intelligente Lösungen: SmartHome eben.

Zwar dämmen heutige Fenster viel besser, als die vor zehn Jahren, doch noch immer sind sie eine der großen Flächen, über die unsere Gebäude Wärme verlieren. Die zusätzliche Luftschicht zwischen Scheibe und Rollo oder Raffstore außen bringt etliche Prozent Einsparung. Nun kann man das Rollo natürlich auch von Hand herunterlassen, aber es fehlt uns Menschen an der nötigen Konsequenz. Der elektronische Butler „SmartHome" ist da zuverlässiger. Übrigens beschattet das smarte Heim auch automatisch, wenn durch die Sonne ein Raum zu sehr aufgeheizt wird. Falls man eine Klimaanlage hat, entlastet diese Funktion das Strombudget ganz erheblich. Wärme, die nicht im Raum ist, muss man auch nicht mit elektrischer Energie „wegkühlen".

Grund Nummer 2 - Kriminalität

Die Zahl der Wohnungseinbrüche steigt, ebenso auch die Zahl der abgebrochenen Einbruchversuche. Eine Analyse der Ursachen der erstgenannten Entwicklung kann in diesem Buch nicht stattfinden. Die steigende Zahl der gescheiterten Einbrüche hat etwas mit Gegenmaßnahmen an den Gebäuden zu tun. Sichere Beschläge an Türen und Fenstern machen es Einbrecherbanden schwerer, zum Ziel zu kommen. Da es noch viel zu viele unsichere Fenster und Türen gibt, verschwendet der Einbrecher keine Zeit und versucht sich halt am nächsten Haus Ihres vielleicht?

Was kann nun SmartHome dagegen tun? Aufbauend auf einem mechanischen Grundschutz kommen elektronische Helfer zum Einsatz. Es gibt beispielsweise smarte Fenstergriffe, die nicht nur die Position des Fenstergriffs an die SmartHome-Zentrale melden, sondern bei Erschütterung Alarm auslösen. Dieser kann für den Einbrecher sichtbar oder unsichtbar sein. Wird am Fenster manipuliert, fährt das Rollo runter. Glauben Sie mir, der Einbrecher versteht sofort, was die Stunde geschlagen hat.

Ist der Einbrecher erst einmal in der Wohnung oder dem Haus, hilft SmartHome ihn zu vertreiben und Beweise zu sichern. Alle Rollos fahren sofort hoch, damit er Fluchtwege hat, wir wollen ihn ja nicht fangen. Dafür ist die Polizei besser ausgebildet. Ein in der Wohnung eingesperrter Einbrecher gerät sonst vielleicht noch in Panik und wird zum Vandalen. Dann wäre der Schaden noch größer. Also vertreiben wir ihn mit SmartHome Hilfe durch eine motivierende Sprachansage, dass er doch das Haus verlassen möge, denn der Wachschutz wäre schon informiert, oder so ähnlich. Verfügt das SmartHome über – bei Abwesenheit der Bewohner – aktive Videokameras, würde es diese Bilder und Videos sofort in einen Speicher im Internet oder einen sicheren Ort im Haus übertragen. Die Polizei freut sich über scharfe Fotos und Videos, die Bewegungsabläufe zeigen. Maskierte Einbrecher lassen sich auch über die Art wie sie sich bewegen identifizieren. Und wenn dann auch noch der Ton aufgezeichnet wurde, haben der oder die Täten keine guten Zukunftsaussichten.

Hier nun ein paar beeindruckende Zahlen zu Einbrüchen, Einbruchsversuchen und der Aufklärungsquote:

Jahr	Anzahl Fälle	davon Versuche	in %	Aufklärungsquote
1999	149.044	48.666	32,65	18,3
2001	133.722	45.365	33,92	18,7
2002	130.055	44.980	34,59	19,6
2003	123.280	42.374	34,37	18
2004	124.155	44.872	36,14	19,5
2005	109.736	40.200	36,63	19,6
2006	106.107	39.255	37,00	19,3
2007	109.128	41.232	37,78	20
2008	108.284	41.367	38,20	18,1
2009	113.800	43.240	38,00	16,9
2010	121.347	46.209	38,08	15,9
2011	132.595	51.102	38,54	16,2
2012	144.117	56.311	39,07	15,7
2013	149.500	60.045	40,16	15,5
2014	152.123	62.934	41,37	15,9

Quelle: PKS Bundeskriminalamt 2015

Über den Zeitraum von 15 Jahren ist der Anteil vollendeter Fälle stetig gesunken, wie die steigenden Versuchszahlen zeigen. Dies könnte durchaus auf Verbesserungen der Sicherungsmaßnahmen im privaten Bereich beruhen und somit die entsprechenden Präventionsaktionen gegen Wohnungseinbruchdiebstahl der Polizei hinsichtlich des zu erzielenden Erfolges bestätigen.

Insgesamt wurden 24.125 Fälle aufgeklärt, was einer Aufklärungsquote von 15,9 Prozent (2013: 15,5 Prozent) entspricht. Der Anteil der Fälle von Tageswohnungseinbruch an allen aufgeklärten Wohnungseinbruchdiebstählen beträgt 42,9 Prozent (10.334 Fälle).

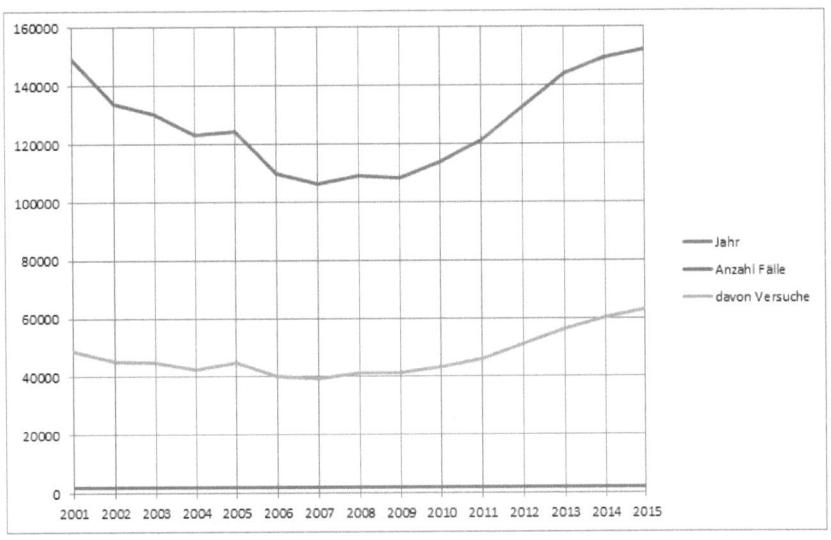

Quelle: PKS Bundeskriminalamt 2015

Es ist schon irgendwie bedrückend, dass wir normale Bürger uns inzwischen gegen Einbrecher so „verschanzen" müssen. Ignorieren der Tatsachen ist allerdings auch keine Lösung.

Grund Nummer 3 – der demografische Wandel

SmartHome ist nicht die Allzweckwaffe gegen alle Probleme der Welt, aber einige der Probleme, die aus dem demografischen Wandel erwachsen, lassen sich durch smarte Techniken lindern oder sogar lösen.

Die Fakten sind seit vielen Jahren klar. Unsere Bevölkerung wird immer älter. Das ist gut so. Auch sind die Leute heute länger fit. Es ändert aber nichts daran, dass wir jedes Jahr mehr Bürger im Alter von 85 + haben und noch nie so viele Hundertjährige. Auch das ist schön, aber diese Personengruppe benötigt Unterstützung und Pflege. Kein Problem? Doch! Denn gleichzeitig nimmt die Anzahl der Menschen im Alter von 25 bis 65 ab, also die Anzahl der Menschen, die professionelle Pflege leisten kann. Aus dem europäischen Ausland ist keine Hilfe mehr zu erwarten, denn die geeigneten Portugiesen, Spanier, Polen, Bulgaren und Rumänen sind längst hier. Unsere Pflegeindustrie ist dort seit Jahren aktiv und holt diese Leute zu uns. Was also tun?

Bisher galt vereinfacht die Einstellung: „Der/die zu Pflegende kann nichts, die Pflegekraft macht alles". Einfache medizinische Aufgaben wie Blutdruck oder Blutzucker messen und wiegen können die meisten zu Pflegenden selbst, die richtigen Geräte für „Selbstbedienungsmedizin" vorausgesetzt. Diese so genannten Vitalparameter-Messgeräte messen, speichern und übertragen die Ergebnisse - natürlich verschlüsselt - an den Pflegedienst oder Arzt. Die Geräte gibt es schon seit mehreren Jahren, in Studien wurden Machbarkeit Akzeptanz und Nutzen bestätigt. Zudem sparen diese Verfahren dem Gesundheitssystem Kosten. Im Umkehrschluss, das System verdient weniger. Und das ist – vermute ich – der entscheidende Grund, warum sich die bewährte Technik noch nicht durchgesetzt hat.

SmartHome bietet allerdings noch mehr. Es gibt Möglichkeiten der Sturzerkennung. Stürze sind besonders bei alten Menschen eine häufige Ursache für dauerhaften Pflegeheimaufenthalt oder Tot. Wird ein Sturz frühzeitig, beispielsweise durch eine Sturzmatte erkannt und der Rettungsdienst alarmiert, bestehen gute Chancen, dass der Unfall ohne ernste Folgen bleibt.

Erinnern sie sich an meine Ausführungen zum Thema Beschattung? Bettlägerige Menschen genießen es, wenn sie nicht von der auf ihrer Bahn um das Haus ziehenden Sonne im Bett „gegrillt" werden, sondern wenn eine smarte Steuerung ihnen Schatten spendet.

Mit SmartHome lassen sich in der Küche Unfälle und Brände vermeiden. Es gibt Rauchsensoren für die Dunstabzugshaube, die im Falle, dass die Bratkartoffeln auf dem Herd vergessen wurden, diesen abschalten und im Brandfall sogar das Feuer löschen.

Die Liste ließe sich noch lange fortführen. Mir ist wichtig, dass sie erkennen, dass Sie Ihre Wohnung oder Ihr Haus mit SmartHome auf die Probleme des Alters vorbereiten können. Dank smarter Technologien kann man selbst oder auch Eltern und Großeltern länger im vertrauten Umfeld leben und den Umzug ins Heim weit hinauszögern oder sogar vermeiden. Bitte berücksichtigen Sie auch, dass die weitaus größte Anzahl von Altenpflege durch Angehörige zuhause erbracht wird. Mit vielen Belastungen für die Familie. Technische Unterstützung ist auch hier sicherlich hoch willkommen. Zur Untermauerung der Aussagen möchte ich ihnen gern die Grafik auf der folgenden Seite ans Herz legen. Während die Zahl der Heimplätze (Vollstationär) und ambulanten Pflegeplätze auf ähnlichem Niveau bleiben, steigt die Anzahl der Pflegebedürftigen, die durch Angehörige zuhause gepflegt werden. Für mehr Heimplätze oder eine Ausweitung der professionellen häuslichen Pflege bedarf es mehr zertifizierte Fachkräfte. Die gibt es nicht.

Gönnen wir deshalb den Familienpfleger(innen) doch optimale technische Unterstützung.

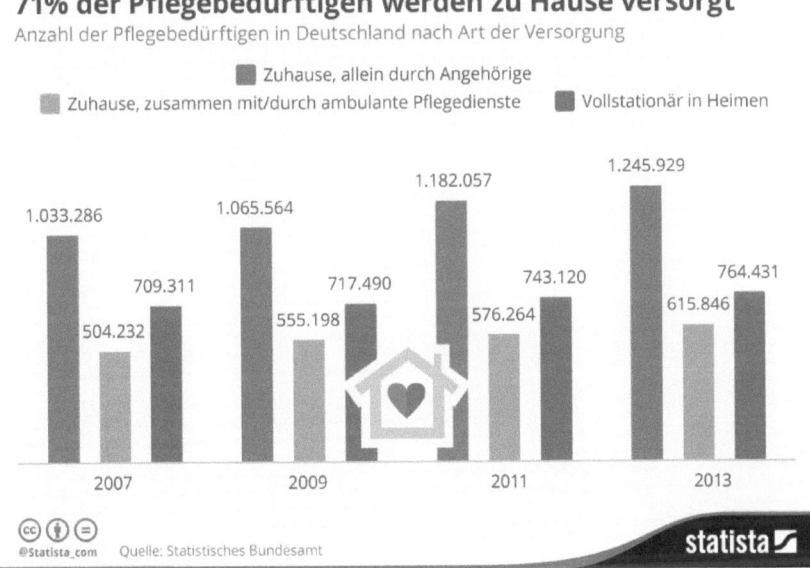

SmartHome ist zwar schön, aber bestimmt viel zu teuer

„Viel zu teuer" ist das Killerargument schlechthin. Abgesehen davon, dass Gutes auch seinen Preis hat, ja haben muss, stammt dieser Vorbehalt aus längst vergangenen Zeiten. In den SmartHome Anfangsjahren gab es das System EIB aus dem später KNX wurde. Da man sich in einem kleinen exklusiven Markt bewegte, durften die Komponenten ruhig etwas teurer sein. Zielgruppen waren finanziell sehr gut ausgestattete Menschen, die sonst schon alles hatten. Denken Sie an die ersten Mobiltelefone und Navis. Da war es ähnlich. Kleine Stückzahlen bedeuten hohe Kosten. Spezialisten zum Einbau und Programmierung sind auch etwas teurer.

Nun, inzwischen hat sich SmartHome weiterentwickelt. Die Industrie hat verstanden, dass der große Markt nicht im Luxus-Neubau-Segment, sondern in der Nachrüstung vorhandener Gebäude und im Bereich der Mietwohnungen liegt. Größere Stückzahlen bedeuten in der Regel niedrigere Kosten und meist auch niedrigere Endpreise. Die alten, teuren Systeme für den Luxus-Neubau, sind immer noch teuer und werden es auch bleiben. Sie nutzen ihre profitable Nische.

Für die Nachrüstung im Bestand geeignete Systeme haben sich die modernen Funktechnologien zu Nutze gemacht. Dazu kommt die weite Verbreitung von Smartphones und Tablets zur Visualisierung und

Bedienung. Im alten SmartHome benötigte man spezielle Bildschirme, die in die Wand eingebaut wurden und allein schon gerne einmal 3.500 Euro gekostet haben. Bei den Funk-basierten Systemen fällt die spezielle SmartHome Bus-Kabel-Verlegung weg. Sie stellt keinen großen Materialaufwand dar, aber Arbeitszeit und eine nicht alltägliche Arbeit für den Handwerker. Von der Programmierung einmal ganz zu schweigen. Elektroinstallateure sind keine Programmierer. Die alten Lösungen erforderten für die Einrichtung des SmartHomes viel Knowhow und Programmiergeschick. Für den ausführenden Handwerker war dadurch das Risiko der Nacharbeit groß. All das kostet Geld, Geld des Bauherren.

Das ist vorbei. Viele moderne Systeme lassen sich weitgehend vom Heimwerker installieren. Allerdings sollte dort Schluss sein, wo an blanken 230 Volt Kupferdrähten gearbeitet wird. Das ist für Laien viel zu gefährlich. SmartHome Komponenten-Hersteller wie Eltako oder Jäger Direkt werben damit, dass ihre SmartHome Lösungen kostenneutral seien. Will sagen: Smart oder dumm kostet das gleiche, oder SmartHome kostet keinen Cent mehr als konventionell. Überrascht?

Rechnen wir einmal nach:

Ein smarter EnOcean Funk Lichtschalter (keine Kabel, keine Batterien) kostet ab ca. 30 Euro. Je nach Design gern auch 100 Euro mehr, aber wir wollen Äpfel mit Äpfeln vergleichen. Ein ebenso normal aussehender konventioneller Lichtschalter kostet 25 bis 30 Euro plus Kabel und Verlegung. Natürlich braucht der Funkschalter auch noch einen Aktor. Ein Vierfach-Schalt-Aktor kostet ca.55 Euro. Ein Kontakt davon also nur ca. 14 Euro.

Ein konventioneller Dimmer für Lampen, LED oder Halogen liegt bei 60 – 85 Euro. Ein smarter Dimmer kostet das gleiche. Wir könnten so Position für Position durchgehen. Es gibt keine gravierenden Unterschiede. Eine SmartHome Installation ist für den Elektroinstallateur derzeit noch nicht der Normalfall. Deshalb muss er länger planen. Er spart dreckige Arbeit auf der Baustelle, weil es weniger Kabel zu verlegen gibt, aber er braucht Zeit für die Konfiguration des Systems. Also auch die Arbeitszeit hält sich die Waage. Teuer wird es, wenn zuerst konventionell gebaut wird und dann nachträglich „gesmartet" werden soll. Da zahlt man natürlich doppelt. Oder wenn der Installateur eine konventionelle Verkabelung plant und am Schluss die konventionellen Komponenten durch smarte ersetzt. Aber das sind alles handwerkliche Planungsfehler die auf mangelnde Erfahrung zurückzuführen sind.

Dies gilt – wie gesagt - bei Neubau und Äpfel mit Äpfel Vergleich. Wer smart baut, möchte natürlich mehr Funktionen, und die müssen bezahlt werden. Wetterstation für die automatische Betätigung von

Markise und Dachfenster. Abwesenheitsschaltung mit Anwesenheitssimulation. Automatische globale Szenen. Einbindung von TV-Gerät und Soundsystem. Integration von IP-Kamera. Weiterleitung des Kameravideos von der Türkamera aufs Smartphone. Das alles gibt es natürlich nicht umsonst aber es kostet auch keine Reichtümer.

Ein Auswahl von populären Produkten

Dies ist für mich ein heikles Kapitel. Täglich kommen neue Produkte auf den Markt. Eine Marke, die gestern noch kein SmartHome Angebot hatte, ist heute vielleicht schon auf dem Weg zur Marktführerschaft. Ich möchte natürlich kein Unternehmen vergessen und niemanden „hochjubeln oder schlechtschreiben". Aber, ich kann nur eine subjektive Auswahl treffen und werde versuchen, so objektiv wie möglich zu sein.

Ich lasse in diesem Buch bewusst Handwerksprodukte und komplette Systemlösungen aus und konzentriere mich auf Produkte, die Sie als privater Endkunde bzw. Endgebraucher kaufen, installieren, konfigurieren und nutzen können. Einkaufsquellen sind die Großflächenmärkte, Elektronik-Fachmärkte und natürlich das Internet. Ich habe mich entschieden, folgende Produkte hier vorzustellen:

- Devolo
- D-Link
- Rademacher
- Schellenberg
- Wi-Butler
- RWE
- Qivicon

Devolo

Der Aachener Hersteller Devolo bietet seine Produkte unter dem Namen *devolo Home Control* an.

Foto Devolo – von links: Fenster-Magnetkontakt, Zentraleinheit, 230 Volt Funk-Zwischenstecker

Funktionen sind:
- Schaltung von Licht, Heizung und Elektrogeräten per Funkschalter von Ihrem Lieblingsplatz aus
- automatische Heizungssteuerung per Zeitschaltung oder Raumthermostat
- maximale Kontrolle durch Rauchmelder, Bewegungsmelder und Türkontakt
- automatische Lichtschaltung beim Betreten des Hauses
- Licht- und Geräteschaltung per Fernbedienung aus bis zu 100m Entfernung
- Schaltung aller Geräte von unterwegs per Smartphone, Tablet oder PC
- Einsicht in den aktuellen Energieverbrauch per App

Die Devolo Home Control Zentrale ist das Herzstück. Sie wird wie ein Steckernetzteil einfach in eine Schukosteckdose gesteckt und muss dort auch bleiben. Mit Hilfe vom wireless LAN (WLAN) empfängt und speichert die Zentrale alle Einstellungen, die Sie manuell oder per App eingeben. Anschließend sendet das Gerät mit der international weit verbreiteten Z-Wave® Funktechnik die Einstellungen und Anweisungen an alle Smart Home Bausteine, die Sie installiert haben.

Über das mitgelieferte Netzwerkkabel können Sie die Zentrale mit Ihrem Internet-Router verbinden und haben dann per App von überall über das Internet Zugriff auf Ihre Hausautomation. Über Ihr Smartphone, Tablet oder Ihren PC kontrollieren Sie alle Einstellungen, schalten einzelne Geräte oder empfangen Daten, z. B. den aktuellen Energieverbrauch einzelner Geräte.

Die Devolo Home Control Bausteine installieren Sie in Minutenschnelle ohne Vorkenntnisse. Die meisten Geräte sind kompakte Steckdosen-Adapter, die Sie über jede beliebige Schuko-Steckdose anschließen. Ein Handwerker ist für die Installation nicht notwendig. Die Bedienung per Zentrale oder Devolo App erledigen Sie intuitiv nach Ihren Wünschen. Für Ihr persönliches Smart Home benötigen Sie nur die Devolo Home Control Zentrale und die Bausteine Ihrer Wahl. Alle Bausteine lassen sich jederzeit miteinander kombinieren und erweitern. Für den schnellen Start erhalten Sie die wichtigsten Bausteine gebrauchsfertig im Devolo Home Control Starter Paket.

Derzeit (2015) sind folgende Bausteine verfügbar:

- Zentrale
- Raumthermostat
- Heizkörperthermostat
- Rauchmelder
- Stromverbrauchs-Mess-Steckdose
- Fensterkontakt
- Fernbedienung als Schlüsselanhänger
- Bewegungsmelder
- Wandsender mit Doppelwippe

Der Wandsender sieht aus wie ein konventioneller Lichtschalter und wird beispielsweise an eine Wand oder ein Möbelstück geklebt. Er hat keine Kabelverbindungen. Bei Druck auf eine der Wippen sendet der Wandsender ein Z-Wave-Funksignal zur Zentrale. Diese sendet dann entsprechend Ihrer Konfiguration Befehle an einen oder mehreren Aktoren.

Das System ist sehr einfach zu installieren und am smarten Tablet oder PC leicht zu konfigurieren. Es passiert nach den Regeln „WENN ein bestimmtes Ereignis eintritt, DANN tue folgendes". Der Deutsche

Hersteller Devolo ist für qualitativ gute, sichere und leicht zu installierende Produkte bekannt.

Mehr Info über die Website

http://www.devolo.de/home-control/

Einsatz: Gesamtes Gebäude außer Beschattung und Multimedia.

D-Link – mydlink Home

Der US-Hersteller D-Link mit Sitz in Eschborn bei Frankfurt kommt aus dem professionellen und semiprofessionellen IT-Netzwerk-Komponentenbereich und genießt einen sehr guten Ruf.

Foto D-Link - Oben 230 Volt Funk-Zwischenstecker, links IP-Kamera, rechts Bewegungsmelder

D-Link wählt einen etwas anderen Ansatz als Devolo. Als Heimvernetzungsspezialist und Anbieter von Routern und Netzwerkspeichern spielt bei D-Link auch die multimediale Vernetzung eine Rolle. Zur Übertragung von Daten und Schaltbefehlen dienen WLAN und - wie bei Devolo auch - Z-Wave. Der Einstieg in Ihr smartes Zuhause: Mit „Music Everywhere" soll neuer Schwung in Ihre HiFi-Anlage bzw. Lautsprecherboxen gebracht werden. Sie können Ihre Musik einfach vom Smartphone, Tablet oder auch Computer ins Netzwerk „streamen".

Nicht nur die Hi-Fi Anlage, auch alle sonstigen Gegenstände in Ihrem Zuhause behalten Sie mit den Home Monitor genannten Kameras jederzeit und von überall im Blick und werden bei Bewegungserkennung benachrichtigt. Bewegung erkannt, Deckenfluter an: der separat erhältliche Bewegungssensor sorgt in Verbindung mit der vernetzten Steckdose gleich für Licht, wenn Sie nach Hause kommen. Smart Plug und App überwachen auch den Stromverbrauch angeschlossener Elektrogeräte, die Sie natürlich immer und von jedem Ort aus manuell oder automatisch aus- und anschalten können. Einfach Wischen und Tippen! Mit der mydlink™ Home App können Sie Ihr automatisiertes Zuhause kontrollieren. Legen Sie Grenzwerte für den Stromverbrauch fest (zum Beispiel, um informiert zu werden, wenn Ihr Kind den „PlayStation-Strom" für einen Monat innerhalb von vier Tagen verbraucht). Richten Sie Beleuchtungszeitpläne ein und vieles mehr.

Die Komponenten stand Herbst 2015:

- Connected Home Hub, die Zentraleinheit
- Music Everywhere Streaming-Adapter
- Smart Plug 230 Volt Schaltsteckdose
- WiFi Sirene
- WiFi Wassersensor
- Fensterkontakt
- Rauchmelder
- Bewegungssensor
- IP-Kamera mit oder ohne Motorantrieb

Die Konfiguration ist ähnlich einfach, wie bei Devolo und sollte keine Probleme machen.

Mehr Info über die Website

http://www.dlink.com/de/de/home-solutions/mydlink_home/mydlink-home

Einsatz: Gesamtes Gebäude außer Beschattung

Rademacher

Das deutsche Unternehmen Rademacher aus Rhede in Westfalen ist in erster Linie durch Rolloantriebe, Rohrmotoren, Gurtwickler und Garagentorantrieben bekannt geworden. Jalousien und Markisen sind Regen und Sturm ausgesetzt. Es war deshalb schon immer sinnvoll, sie über automatische Funktionen vor Beschädigungen durch Unwetter zu schützen. Hieraus ist dann das SmartHome Produkt, der HomePilot entstanden. Rademacher verwendet ein eigenes Funkprotokoll (Duo-Fern) und den internationalen Standard Z-Wave.

Der HomePilot® 2 verbindet Hausautomation und Multimedia. Er kann per HDMI Schnittstelle an Ihren Fernseher angeschlossen werden und macht diesen dadurch zum Smart-TV. Mit ihm haben Sie nicht nur die

Rademacher APP zur Bedienung

Möglichkeit Ihren HomePilot® via Fernseher zu bedienen, sondern können auch auf Filme, Musik, Radio, Apps u.v.m. zugreifen.

Rollläden, Licht und vieles mehr einfach am Fernseher bedienen? HomePilot® 2 macht's möglich. Durch den Anschluss des Home Pilot an den Fernseher lassen sich die Rademacher Funk-Produkte auch per TV-Fernbedienung steuern.

Angeschlossen an einen internetfähigen Router (per LAN oder WLAN) bietet der HomePilot® zusätzlich die Möglichkeit auch von unterwegs auf Ihre Funk-Produkte zugreifen zu können.

Installation

1. Der HomePilot® wird mit dem beiliegenden LAN Kabel an einen Internet-Router angeschlossen und der mitgelieferte DuoFern USB-Stick wird eingesteckt.

2. Dann mittels Internet-Browser auf die Benutzeroberfläche des HomePilot® zugreifen und die Funk-Produkte einlernen.

3. Wenn Sie wollen, schalten Sie den Fernzugriff WRConnect frei. Dann können Sie von überall mit Smartphone, Tablet oder PC auf Ihren HomePilot® zugreifen.

HomePilot® Funktionen:

- HomePilot® Bedienoberfläche
- Szenen anlegen
- Automation nutzen
- Gruppen bilden
- Favoriten kennzeichnen
- HomePilot® mit der Wetterstation verbinden
- UND-Verknüpfung - Szenen mit mehreren Bedingungen

Die Installation und Konfiguration ist einfach und intuitiv.

Komponenten:

- HomePilot Zentraleinheit
- Rollo- und Jalousieantriebe (Rohrmotoren und Gurtwickler)
- Markisenantriebe
- Licht-Aktoren (schalten und dimmen). ACHTUNG: Bei einigen Produkten muss direkt an elektrischen Leitungen gearbeitet werden! Das darf nur der Fachmann!
- Handsender
- Timer
- Wandsender
- Wetterstation
- Sonnensensor

- Rauchmelder
- Fenster- /Türkontakt
- Heizkörperstellantrieb
- IP-Kamera

Einsatz: gesamtes Gebäude einschließlich Beschattung und Multimedia.

Website: http://www.rademacher.de/hausautomation-homepilotr/

Schellenberg

Das Unternehmen Schellenberg aus Siegen setzt auf den Do-It-Yourself-Markt. Bereits heute sind Schellenberg Gurtwickler, Rollo-Motoren, Markisenantriebe und Garagentorantriebe bei den großen Baumarktketten im Angebot. Nun kommt unter dem Motto „Machen Sie Ihr Haus zum Wohlfühlort" ein SmartHome-Angebot dazu.

Die Zentrale funkt mit den Schellenberg-Komponenten im Haus und nutzt dazu ein eigenes Funkprotokoll. Die Steuerung und Einrichtung der Regeln erfolgt auf dem Smartphone oder Tablet. Der wesentliche Unterschied zu den bereits vorgestellten Systemen ist, dass Schellenberg nicht aus der Computer- bzw. Netzwerk-Branche kommt und seit Jahren die zu bedienenden Geräte, Motoren und Antriebe im Blick hat. Die intelligente Vernetzung macht die Nutzung der elektromechanischen Geräte noch angenehmer. Aber auch hier wurde konsequent für den „Selbermacher" entwickelt und nicht für den Computer-Freak.

Komponeneten:

- Zentraleinheit (Abbildung)
- Markisenantrieb
- Rolloantrieb
- Torantrieb

- Heizung /Stellventil
- Licht /Aktor
- App

Einsatz: Gesamtes Gebäude einschließlich Beschattung und Torantriebe.

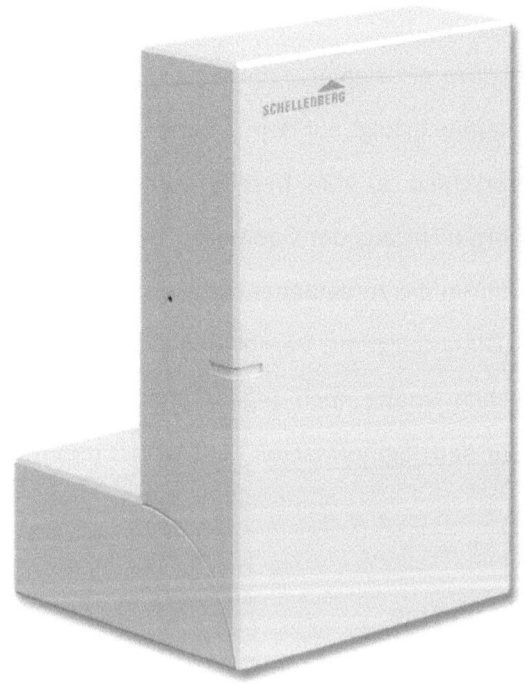

Website:
http://www.schellenberg.de/unternehmen/neuigkeiten/besuchen-sie-uns-auf-der-ifa-2015-in-berlin.html

Wibutler

Die Firma iEXERGY GmbH aus Münster in Westfalen wirbt für ihr Produkt wibutler mit dem Slogan „Drei einfache Schritte zum Smart Home". Der wibutler Server (siehe Foto) ist das Herzstück des SmartHomes. Zusammen mit der wibutler-App (siehe Foto auf der nächsten Seite) ermöglicht er die Einbindung vieler kompatibler Produkte. Der Anspruch ist: Flexibel, einfach und herstellerunabhängig.

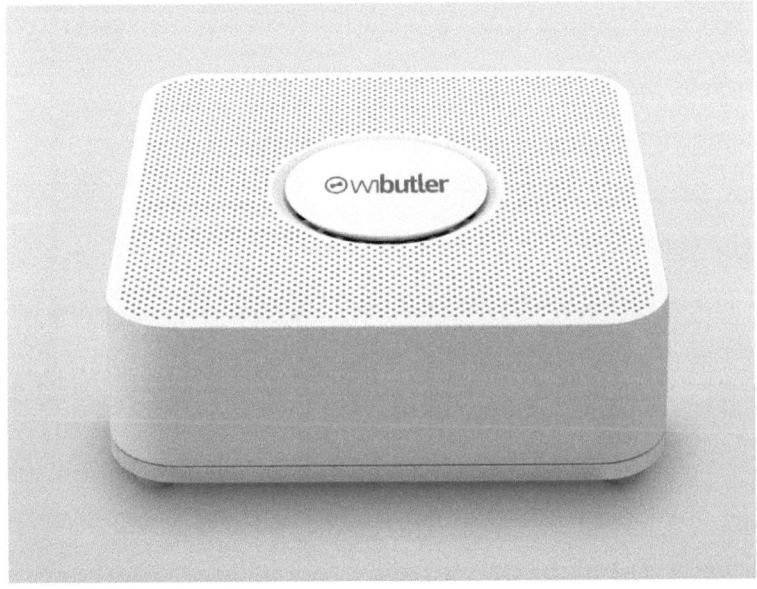

wibutler Zentraleinheit

Die drei Schritte sind: wibutler-App herunterladen, wibutler-Server anschließen und die ersten Produkte mit der App anlernen.

Was bedeutet in diesem Zusammenhang die Aussage: „Einbindung vieler kompatibler Produkte"? Neben WLAN unterstützt der smarte Home Server die Standards Bluetooth, Bluetooth Low Energy, Z-Wave, EnOcean und ZigBee. Mit dieser Bandbreite an Sensoren und Aktoren lässt sich nun wirklich jeder Wunsch realisieren. Die Konfiguration all dieser Komponenten und die Organisation des Zusammenspiels und die Einrichtung von Regeln erfolgt nach dem IFTTT-Pronzi. IFTTT steht für If This Then That. Auf Deutsch: WENN ein bestimmtes Ereignis eintritt, DANN mache FOLGENDES. Die so genannte Programmierung ist also ganz einfach und logisch und setzt nur voraus, dass der „Programmierer" weiß, was er eigentlich erreichen will.

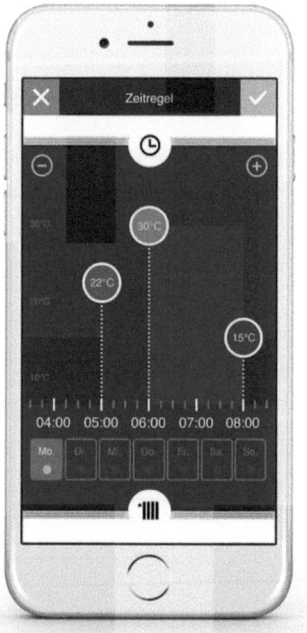

Einsatzbereich: Universell

Mehr Info: www.wibutler.com

RWE-SmartHome

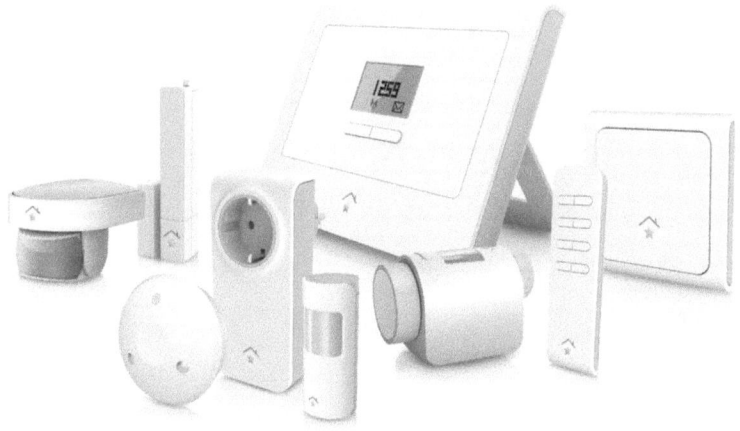

Das SmartHome System der RWE Effizienz GmbH gehört zu den ersten Systemen, die konsequent für die Selbstinstallation konzipiert wurden. Es lässt sich einfach installieren und bietet inzwischen ein nahezu vollständiges Portfolio an Sensoren und Aktoren. Seit 2015 gibt es auch so genannte Unterputz-Aktoren. Diese ersetzen den eingebauten konventionellen Lichtschalter. Dieser wird – natürlich bei ausgeschaltetem Strom - entfernt und die nun offenen Leitungen werden mit dem Aktor verbunden. So lässt sich das Licht per gewohnten Taster an der Wand ebenso schalten, wie über das SmartHome System per Regel oder dem SmartPhone per App.

RWE SmartHome verwendet keinen der bekannten Funkstandards und das hat gute Gründe. RWE wollte ein 100% sicheres System und hat deshalb viel Energie in eine sichere Übertragungstechnik investiert. Die Technik basiert zwar auf EQ3 (ELV-Versand), unterscheidet sich jedoch signifikant. Aus Sicherheitsgründen werden Zugriffe vom PC oder Smartphone aus dem Internet immer über den sicheren RWE Großrechner geleitet. Das wird den einen oder anderen stören, für die Datensicherheit ist es eine gute Lösung.

Die intelligente Haussteuerung RWE SmartHome hat vom Verband der Elektrotechnik (VDE) das Gütesiegel für Informationssicherheit erhalten. Damit ist die RWE Effizienz GmbH berechtigt, für ihre SmartHome-Software das markenrechtlich geschützte Zeichen „VDE Informationssicherheit geprüft" zu nutzen.

Trotz des eigenen Funkstandards, bezeichnet sich RWE SmartHome als offene Plattform, weil wesentliche interessante Produkte anderer Hersteller mit RWE hervorragend interagieren.

Dies sind (Stand Herbst 2015):

- Philips hue farbiges LED Licht
- Samsung IP Kameras
- Miele@home Hausgeräte
- Buderus Heizkessel
- Yale Türschloss-Systeme
- NetAtmo Wetterstationen

Einsatzgebiet: Gesamtes Gebäude, Ferienwohnung. Es fehlt noch die Beschattung.

Mehr Info: https://www.rwe-smarthome.de

Qivicon

Qivicon ist ein so genanntes Plattformprodukt. Anbieter ist die Deutsche Telekom. Die Plattform ist die Qivicon-Zentraleinheit und bestimmte Dienste, die es ermöglichen, dass viele andere Unternehmen ihre Produkte auf der Qivicon-Plattform ablaufen lassen. Der Vorteil für diese Unternehmen ist, dass sie sich nicht um eine eigene Zentraleinheit, Internetanbindung, Up-Date-Mechanismen etc. kümmern müssen. Das leistet der Plattformanbieter. Als Kunde kann man jederzeit neue Geräte und Dienste online dazu buchen. Interessant ist auch, dass es für die Steuerung der Produkte verschiedener Hersteller eine einzige App gibt, die das geräteübergreifende Management leistet.

Folgende Unternehmen arbeiten Stand Herbst 2015 mit der Qivicon-Plattform:

- Bitron
- eQ3
- D-Link Kameras
- Miele
- Osram Lightyfy
- Philips hue

Die Deutsche Telekom selbst bietet ausschließlich die Plattform an.

Website: http://www.qivicon.com/de/

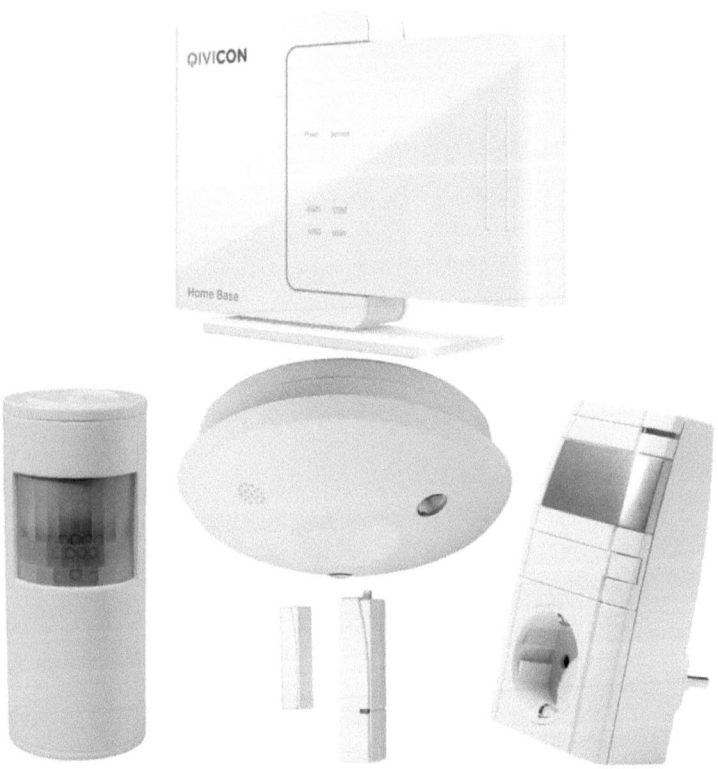

Oben: Qivicon-Zentraleinheit, Mitte: Brandmelder
Von links: Bewegungsmelder, Fenster-Magnetkontakt, Funksteckdose

Selber machen oder machen lassen?

Eine gute Frage ohne eine eindeutige Antwort: Es kommt darauf an, auf Sie.

Gehen wir einmal davon aus, dass Sie kein begeisterter Handwerker oder Elektrobastler sind, aber auch nicht wirklich ungeschickt. Immerhin können Sie Waschmaschine oder Smartphone benutzen bzw. bedienen. Sie können Apps installieren und im Internet bei Zalando gezielt nach Schuhen suchen. Dann sind Sie auch fit genug für die meisten SmartHome Produkte.

Ich habe Ihnen ja schon einige Produkte genannt. Kaufen Sie sich irgendein Starterkit. Typischer Inhalt ist die Zentraleinheit, ein Heizkörperthermostat, ein 230 Volt Schuko-Zwischenstecker, ein Fensterkontakt und ein Wandtaster. Die Zentraleinheit verbinden Sie mit dem Stromnetz und in der Regel mit dem lokalen Netzwerk per LAN oder WLAN. Was das lokale Netzwerk ist? Das kommt aus Ihrem Router, also der Fritz-Box oder ähnlichem Gerät, dass Ihnen Ihr Internetanbieter überlassen hat.

Nun laden Sie noch die zum System gehörende App aus dem Internet auf Ihr Tablet oder Smartphone und schon geht es los. Die Anleitungen sind gut verständlich und nach einer halben Stunde haben

Sie alle Teile aus dem Starterkit mit der Zentraleinheit bekannt gemacht und damit Ihr erstes SmartHome-Netzwerk eingerichtet.

Jetzt geht es ans Programmieren. Nein natürlich nicht. Es wird nicht programmiert. Sie richten Ihr SmartHome ein, indem Sie ein paar Fragen der App beantworten.

Beispielsweise:

Wenn das Fenster im Bad geöffnet ist
Dann soll das Heizkörperstellventil im Bad schließen.

Oder

Wenn es 07:00 ist,
Dann soll das Heizkörperventil geöffnet werden

Wenn es 12:00 ist
Dann soll das Heizkörperventil geschlossen werden

Oder

Wenn die Wippe oben am Wandtaster gedrückt wird
Dann soll der Zwischenstecker eingeschaltet werden (da steckt nämlich der Schuko-Stecker der Stehlampe drin)

Wenn der Wandtaster unten gerückt wird
Dann soll der Zwischenstecker ausgeschaltet werden

Auf diesem Niveau bewegt sich die „Programmierung". Das können Sie doch auch.

An einer Stelle wird es kritischer: Beim Rollo. Rollo-Aktoren gibt es nicht als Zwischenstecker. Grundsätzlich muss mit blanken Kupferdrähten hantiert werden, die 230 Volt führen können. „Ich mach da mal die Sicherung raus" reicht nicht. Der Laie darf an 230V nicht arbeiten. Dass die Realität anders aussieht, weiß auch ich. Wenn Sie einen netten Fachmann kennen, lassen Sie es Ihn machen. Das ist für alle Beteiligten sicherer, besser und gesünder.

Trauen Sie sich das was ich hier geschildert habe zu? Dann können Sie sich Ihr SmartHome selbst machen. Echte SmartHomer runzeln jetzt vermutlich die Stirn: Ja, man kann noch einiges mehr machen, als das was die Produkte aus dem Baumarkt und dem Internet bieten. Die Zwischenstecker sind oftmals keine wahre Zierde der Wohnung. Da wäre Unterputz vielleicht schöner. Und wenn Sie später noch Lust auf oder die Notwendigkeit für weitergehende Funktionen haben, finden Sie auch einen Fachhandwerker, der Ihnen diese realisiert. Doch mehr als 80% aller Wünsche normal veranlagter Menschen lassen sich auf dieser Basis befriedigen.

Sollten Sie sich für ein umfangreiches SmartHome im Neubau oder in der Nachrüstung entscheiden, weil Sie Ihr Eigenheim smart machen wollen, haben Sie auch wieder die Wahl zwischen Do it Yourself und Handwerk. Die elektrischen Arbeiten (230 Volt / 400 Volt) sollten Sie als handwerklicher Laie besser vom Fachhandwerker machen lassen. Je nach System können Sie die „Programmierung" selbst erledigen oder Sie lassen aus Gewährleistungsgründen auch die vom Profi machen und Sie beschränken sich auf die Anpassungen an Ihren Lebensstil.

Risiken und wie man sie ausschaltet

Nichts ist ohne Risiko. Der Mensch liebt das Risiko. Würde er sonst Autofahren? Autofahren heißt nämlich, mit vergleichsweise großer Geschwindigkeit in einem engen Raum, ausgestattet mit viel brennbarem Material, durch die Gegend zu flitzen. Nicht zu vergessen, dass sich bis zu 80 Liter einer brennbaren und sogar explosiven Flüssigkeit darin befindet. Aber wir haben uns an das Risiko gewöhnt und so wirkt es gar nicht mehr so bedrohlich. Wir wollen aber auch das vergleichsweise sehr geringe Risiko, das durch SmartHome entstehen könnte, minimieren. Aber was könnte im SmartHome eigentlich passieren?

Hacker

Ein Hacker bricht in mein SmartHome-Netzwerk ein. Das Risiko geht im realen Leben tatsächlich gegen Null. Doch theoretisch könnte ein Hacker vielleicht über das WLAN ins lokale Netz und von dort aus ins smarte Heimnetz gelangen.

Maßnahme: Beste Verschlüsselung (WPA2) beim WLAN-Router einschalten und ein wirklich sicheres Passwort nehmen. Im Anhang dieses Ratgebers finden Sie die Liste der unsichersten Passwörter der Welt. Diese bitte nicht verwenden! Gegen SmartHome-Hacking wirken alle Maßnahmen, die Jedermann sowieso zur Sicherung seines Internetzugangs ergreifen sollte.

Falls Sie ein kabelgebundenes Netzwerk verwenden, sorgen Sie dafür, dass es nicht das Haus oder die sichere Grundstücksgrenze verlässt. Ein Netzwerkkabel oder SmartHome-Datenkabel bis zur Gartenpforte zu verlegen, ist keine gute Idee. Dort könnte sich der Hacker recht einfach anstöpseln.

Stromausfall

Der Strom fällt aus und man kann die (elektrischen) Rollos nicht öffnen. Das ist zwar schlimm, hat mit SmartHome aber nichts zu tun. Diese Situation ist bei Stromausfall normal, auch ohne SmartHome. In manchen Bundesländern besteht deshalb die Vorschrift in der Bauordnung, dass sich mindestens ein Rollo pro Etage von Hand öffnen lassen muss. Zum Glück passiert ein Stromausfall in Deutschland sehr selten und dann auch nur für kurze Zeit. Ausgenommen sind die Eisregenfolgen im Münsterland vor ein paar Jahren. Dort gab es tagelang keinen Strom. Daraus haben die Versorger gelernt und sind heute viel besser vorbereitet.

Und wenn der Strom wieder da ist, startet auch Ihr schlaues Haus wieder. Wer unbedingt möchte, kann viel Geld für eine Notstromversorgung oder einen Generator ausgeben. Bevor diese externen Stromquellen allerdings die Stromversorgung übernehmen, müssen Sie Ihr Haus vom öffentlichen Stromnetz nehmen. Ihr Generator wird sicherlich nicht das ganze Stadtviertel versorgen können, mit dem Ihr Haus ja elektrisch verbunden ist. Es ist also alles nicht so einfach, wie es auf dem ersten Blick erscheint. Besser ist es, die kurze Zeit auf die Maßnahmen des Stromanbieters zu warten.

Ach, und noch ein Tipp. Haben Sie doch – ganz unabhängig von SmartHome – ein paar analoge Kerzen und Streichhölzer im Haus. Eine Taschenlampe mit vollen Batterien wäre auch nicht schlecht. Und ganz toll wäre ein Radio, das auch auf Batterien läuft und auch ohne Internet funktioniert. Für das alte analoge Telefon gab es die gesetzliche Forderung, dass die Post bzw. ihr Nachfolger Telekom dies ausreichend mit Strom aus dem Telefonnetz versorgt. Das alte Telefon lief tatsächlich auch bei totalem Stromausfall. Für die heutige ALL-IP-Telefonie gibt es die Forderung nicht mehr, sie ließe sich auch gar nicht vernünftig realisieren. Sie sind also auf das Handy angewiesen. Aller Voraussicht nach, wird es nicht wirklich helfen, weil bei einem größeren Ausfall auch der Sendemast und die ganze Übertragungstechnik ins Internet stromlos sein werden. Da können Sie nur abwarten und sich auf der Kerze einen schönen Kessel Tee machen.

Pleite des Anbieters

Die Firma, von der Sie Ihr SmartHome System gekauft haben geht Pleite. Wenn Sie ein autonomes SmartHome-System haben, also kein Cloud-basiertes System, werden Sie davon nichts merken. Alles wird weiterlaufen, wie bisher. Sollten Sie sich für ein günstigeres Cloud-basiertes System entschieden haben, kann es im ungünstigsten Fall passieren, dass die Cloud mit all Ihren Daten abgeschaltet wird. Der Betreiber der Cloud bekommt ja kein Geld mehr für seine Leistungen. Ihr SmartHome wird dann nicht mehr funktionieren. Es ist jedoch zu vermuten, dass Ihre Kunden- und Nutzungsdaten für einen anderen Anbieter so wertvoll sind, dass er den Betrieb übernimmt.

Ein anderer Fall ist der, dass Sie nach der Insolvenz eines Anbieters ein Ersatzteil benötigen oder Ihr System erweitern wollen. Der Originallieferant steht nicht mehr zur Verfügung. Glücklicherweise verwenden fast alle Anbieter international verbreitete Standardkomponenten, also EnOcean, ZigBee, Z-Wave, etc. Sie werden ein Ersatzteil eines anderen Herstellers finden, das passt.

Anhang

Passwörter

Die 15 häufigsten und damit dümmsten Passwörter der Welt

Rang	Passwort
1	123456
2	Password
3	12345878
4	qwery
5	Abc123
6	123456789
7	111111
8	1234567
9	iloveyou
10	adobe123
11	123123
12	Admin
13	1234567890
14	letmein
15	photoshop

Sicherheitsregeln des LKA NRW für das SmartHome

Sicherheitsregeln, die zwischen dem Landeskriminalamt NRW, der VdS Schadenverhütung GmbH, dem Bundesverband SmartHome Initiative Deutschland e.V. und dem Institut für Internetsicherheit erarbeitet wurden.

1. Chancen und Risiken von SmartHome

Nicht nur die Unterhaltungselektronik, sondern auch alle Arten von Haushaltsgeräten, automatisierte Beleuchtung, Schließsysteme, Türen, Tore, Fenster, Rollläden, Markisen und die Heizungssteuerung werden zunehmend mit digitalen Steuerelementen ausgestattet.

Digitale Signale könnten aber auch durch Angriffe Dritter „mitgelesen", manipuliert und damit für illegale Zwecke wie Ausspähen der Wohnungsinhaber, Sabotage und Einbruch genutzt werden. Mit geeigneten Schutzmaßnahmen können solche Angriffe erschwert werden.

2. Empfehlungen zur Sicherung digitaler Haustechnik

Das Landeskriminalamt Nordrhein-Westfalen, die VdS Schadenverhütung GmbH, der SmartHome Initiative Deutschland e.V. und das Institut für Internet-Sicherheit haben die Chancen und Risiken betrachtet. In Zusammenarbeit der Partner aus Polizei, Handwerk, Handel,

Industrie, Versicherungswirtschaft und Wissenschaft entstanden konkrete Sicherheitsempfehlungen.

In unserem Flyer für Bürgerinnen und Bürger informieren wir in verständlicher Sprache darüber, dass die Sicherheitsanforderungen an digitale Haustechnik im Grunde identisch sind mit dem Basisschutz, der heute bei Computern und Smartphones selbstverständlich sein sollte. Dazu gehören im Wesentlichen eine Firewall und Virenschutz, sichere Passwörter und ein sicher verschlüsseltes WLAN.

In den detaillierten Informationen für Hersteller, Fachhändler und Handwerker zeigen wir zusätzlich auf, dass sichere Haustechnik bereits bei der Produktkonfiguration und der Planung von Hausnetzwerken anfängt. Wir geben Hinweise zur Sicherheit von Soft- und Hardware sowie Netzwerksicherheit. Viele Fachfirmen sind in ihrem jeweiligen Handwerk hoch qualifiziert, haben aber nicht immer die Expertise für neue digitale Komponenten und sind sich möglicher Risiken oft gar nicht bewusst. Wir appellieren an das Verantwortungsbewusstsein von Industrie und Gewerbe und raten dazu, sich einschlägig fortzubilden oder mit kompetenten Experten zusammenzuarbeiten.

Beide Medien können über die Präventionsdienststellen der Polizei Nordrhein-Westfalen bezogen oder im Internet mit den Suchbegriffen "Polizei NRW + Smart Home" auch auf den Internetseiten von

SmartHome Initiative Deutschland e.V. und VdS Schadenverhütung GmbH (VdS Home) gefunden werden.

3. Schadenprävention

Durch die intelligente Vernetzung unterschiedlicher Sensoren und Aktoren lassen sich auftretende Störungen in ihren Auswirkungen begrenzen. Erkennt das smarte Haus, dass Sie nicht zuhause sind, kann es automatisch die Wasserleitung absperren und somit teuren Leitungswasserschäden im Falle eines Rohrbruchs vor-beugen. Ähnliches gilt für die Elektrotechnik: Niemand schaltet die Sicherungen nicht benötigter Stromkreise beim Verlassen der Wohnung ab – erfolgt dies jedoch automatisch, kann eine der häufigsten Brandursachen deutlich reduziert werden.

4. Smart Home und Einbruchschutz

Der Polizei in Nordrhein-Westfalen sind bisher keine Taten bekannt, bei denen die Täter Smart Home Systeme überwunden haben. Der Aufwand zur Überwindung von digitalen Systemen steht derzeit für die meisten Täter noch in keinem Verhältnis zum klassischen Einbruch. Denn viele Wohngebäude weisen leider schlecht oder gar nicht gesicherte Türen und Fenster auf, die innerhalb von Sekunden mit einem einfachen Schraubendreher aufzuhebeln sind.

Elektronische Schließsysteme sind derzeit bei weitem noch nicht so verbreitet wie konventionelle mechanische Schlösser und bieten allein schon deshalb weniger Tatgelegenheiten.

In dem Maße, wie der Marktanteil der Smart Home Systeme wächst und eventuelle Schwachstellen bekannt würden, steigt auch das Risiko, dass diese Systeme von Tätern gezielt angegangen werden. Systeme, die ans Internet angebunden sind, könnten auch durch Angriffe, z. B. durch Computerviren, getroffen werden. In der Folge wären Systemausfälle oder Sachschäden denkbar.

Der Nachweis unberechtigter Öffnungen an elektronischen Schließsystemen ist derzeit deutlich schwerer zu führen als bei mechanischen Schlössern. Dadurch sind Polizei und Sachversicherer mit neuen Herausforderungen konfrontiert.

3.1 Mechanischer Grundschutz

Grundlage eines individuellen Sicherungskonzeptes gegen Einbruchdiebstahl sollten immer mechanisch-bauliche Sicherungseinrichtungen sein. Die Einbruchschutzprodukte sollten geprüft und zertifiziert sein und ihre Montage von geeigneten Fachfirmen projektiert und durchgeführt werden.

3.2 Anwesenheitssimulation und Zustandsüberwachung

Wir sehen in sicheren Smart Home - Produkten zusätzliche Chancen zur Verbesserung der Gebäudesicherheit, denn durch „smarte" Haustechnik lassen sich die von der Polizei empfohlene Anwesenheitssimulation und Zustandsüberwachung von Türen und Fenstern komfortabel und individuell realisieren.

Neben dem mechanischen Grundschutz ist es besonders wichtig, Türen und Fenster bei Abwesenheit vollständig verschlossen zu halten, denn Einbrecher nutzen jede Schwachstelle. Gekippte Fenster und lediglich zugezogene Haustüren sind für einen Einbrecher nahezu eine Einladung. Sind Türen und Fenster aber mit Kontakten versehen, lässt sich darüber beim Verlassen der Wohnung feststellen, ob wirklich alles verschlossen ist - wir sprechen hierbei von Zustandsüberwachung.

Die meisten Einbrecher meiden die Konfrontation mit Bewohnern und verüben ihre Taten daher, wenn die Bewohner nicht zuhause sind. Rollläden, Beleuchtung und andere Geräte lassen sich heute digital so individuell steuern, dass Einbrecher die Abwesenheit der Wohnungsinhaber von außen nur schwer erkennen können. Einbruchschutzexperten nennen solche Maßnahmen Anwesenheitssimulation.

3.3 Alarm- und Videoüberwachungssysteme

Die Polizei empfiehlt neben der mechanischen Grundsicherung ggf. zusätzlich Alarm- und aufzeichnende Videoüberwachungssysteme. Alle Alarm- und Videoprodukte sollten geprüft und zertifiziert sein und von geeigneten Fachfirmen projektiert, installiert und gewartet werden.

Wird mit Smart Home-Komponenten ein Alarmsystem aufgebaut, ist die nationale Norm für Gefahrenwarnanlagen, DIN V VDE V 0826-1 anzuwenden. Die eingesetzten Geräte sollten dieser Norm entsprechen und auch normkonform montiert werden. Auch vor dem Hintergrund möglicher haftungsrechtlicher Konsequenzen sollten Produktauswahl, -montage und -parametrierung sehr sorgsam erfolgen. Von Do-It-Yourself ist abzuraten.

Zudem sollte bei der Planung und Nutzung einer Alarmfunktion eines Smart Home-systems bedacht werden, ob die angebotene Lösung auf das persönliche Schutzziel passt. Dazu gehören u.a. die richtige Auswahl und Anzahl der Melder und deren Positionierung, eine transparente, nachvollziehbare und sinnvolle Konfiguration sowie eine regelmäßige Instandhaltung.

Soll der Einsatz sogar im Gewerbe-/Industrieumfeld erfolgen, ist zu berücksichtigen, dass hier mit DIN VDE 0833 und der Reihe DIN EN 50131 eine Vielzahl zusätzlicher Anforderungen formuliert sind, die i.d.R. durch Smart Home-Komponenten nicht erfüllt werden - es sei denn, es besteht ein Nachweis in Form eines entsprechenden Zertifikates.

Bei der Planung und Projektierung von Videoüberwachungsanlagen müssen zudem die rechtlichen Vorgaben des Datenschutzes (vgl. § 6 BDSG) beachtet werden.

Die Präventionsdienststellen der Polizei Nordrhein-Westfalen beraten kostenlos und neutral zu allen Fragen des Einbruchschutzes.

3.4 Smartphone als "Alarmmelder"

Einige Alarmsysteme bieten die Möglichkeit ein Smartphone als „Alarmmelder" zu nutzen. Werden beispielsweise Bewegungen von einer IP-Kamera detektiert, können Bilder auf das Smartphone übertragen werden. Kann anhand dieser Informationen auf einen Einbruch geschlossen werden, ist es möglich weitere Maßnahmen wie die Meldung eines Einbruchs an die Polizei oder einen Wachdienst zu veranlassen. Grundsätzlich sind Bildübertragungen aus alarmgesicherten Objekten geeignet Falschalarme zu verifizieren. Hinsichtlich der Alarmübertragung via Smartphone sind verschiedene Nachteile bekannt, die im Folgenden aufgelistet sind.

- Alarmauslösung und -übertragung:

IP-basierte Alarm-/Videokomponenten sind i.d.R. nicht nach einschlägigen technischen Regeln so projektiert und installiert, dass Falschalarme möglichst vermieden werden, z. B. durch die Einhaltung der sog. Zwangsläufigkeit. Dadurch wird sichergestellt, dass Alarmsysteme nur „scharf" geschaltet werden können, wenn alle Zugänge verschlossen sind und dass ein alarmgesicherter Bereich im „scharfgeschalteten" Zustand betreten werden kann.

Im Gegensatz zu geprüften und zertifizierten Alarmsystemen, verfügen einfache Alarm-/Videokomponenten i.d.R. auch nicht über einen redundanten Übertragungsweg, um die Alarmübertragung bei Ausfall eines Weges sicher zu stellen.

- Alarmempfang:

Bei schlechtem oder fehlendem Mobilfunknetz können Signale nicht oder nur verspätet übertragen werden. Auch durch bewusstes Ausschalten des Smartphones (z. B. im Flugzeug) oder überhören des Signaltones können Alarme evtl. erst verspätet oder gar nicht empfangen werden.

- Legitimation:

Wenn der Berechtigte im Alarmfall nicht zeitnah am Objekt erscheinen kann, ist der Nachweis seiner Eigenschaft als Haus- bzw. Wohnungsinhaber gegenüber der Polizei nur schwer möglich.

Daher werden derartige Systeme derzeit nicht von der Polizei empfohlen.

3.5 Ergänzende Möglichkeiten durch Smart Home-Produkte

Viele Smart Home-Systeme bieten gleichwohl Möglichkeiten zur Erkennung von Unregelmäßigkeiten an Fenstern und Türen. Die Verwendung von aufzeichnenden Smart Home-IP-Kameras kann helfen, Täter zu identifizieren.

Die Nutzung derartiger Funktionen ist in jedem Fall besser, als keine Überwachung, wenn Sie im Bewusstsein um Möglichkeiten und Grenzen der realisierten Lösung erfolgt.

Ganzheitliche SmartHome-Lösungen lassen sich zudem durch qualifizierte Fachfirmen so gestalten, dass auch Anforderungen wie die sog. Zwangsläufigkeit und redundante Übertragungswege für die Alarmierung erfüllt werden. Integrierte Video-übertragungen können zur Alarmverifizierung beitragen.

3.6 Alarmanlagen, die vom Versicherer gefordert werden

Wenn die Installation einer Überfall-/Einbruchmeldeanlage mit sogenanntem "VdS-Attest" vom Versicherer gefordert wird, werden an den Errichter, die eingesetzten Produkte sowie an Planung und Einbau der Anlage besondere Anforderungen gestellt. Setzen Sie sich frühzeitig mit Ihrem Versicherer in Verbindung und weisen Sie den Errichter frühzeitig auf das Erfordernis des „VdS-Attestes" hin.

Zur Broschüre für Bürger (PDF):   http://bit.ly/W1rUOd
Zur Broschüre für Handel und Handwerk (PDF)   http://bit.ly/1QWcZLO

Weitere Bucherfolge des gleichen Autors

SmartHome Bauherrenratgeber - Zeitgemäß bauen statt „haben wir schon immer so gemacht"

Sie wollen ein neues Haus bauen, Ihr bestehendes Gebäude sanieren oder altersgerecht mit „smarten Helfern" aufrüsten? Und Sie sind kein Technikfreak? Dann ist dieser Ratgeber für Sie genau richtig. Dieses Buch ist für alle, die jetzt und in der Zukunft zeitgemäß leben wollen. Die Energie sparen möchten, ganz gleich ob aus finanziellen Gründen oder weil das „grüne Gewissen" dies verlangt. Sie möchten mehr Komfort, vielleicht in etwas so, wie es Ihnen Ihr Auto heute schon bietet? Sie haben dabei auch im Hinterkopf, dass Sie ja nicht jünger werden und Komfort heute, Erhaltung der Lebensqualität später bedeutet. Und Sie möchten auch etwas gegen das latente Unsicherheitsgefühl tun. Man hört so viel von Hauseinbrüchen. Der SmartHome Bauherrenratgeber ist leicht lesbar geschrieben, klärt über die wichtigen Sachverhalte auf und erläutert mögliche Lösungsangebote. Tabellen und Checklisten helfen bei der Auswahl des individuell passenden Systems. Der Leser wird viele heute verfügbare, hilfreiche und nützliche Lösungen für ein zeitgemäßes zuhause kennen lernen.

Titel:	SmartHome Bauherrenratgeber
ISBN:	978-3-837-004274
Verlag:	Books on Demand, Norderstedt
Preis:	Print 17,90€ E-Book 9,99€

Jetzt mache ich mein Heim selber smart

Die Tür öffnet sich, sobald man in ihre Nähe kommt, das Licht geht an, Musik ertönt, Fenster öffnen und schließen sich elektrisch, Temperatur und Luftfeuchtigkeit halten sich automatisch an die Vorgabewerte. So ist es bei Ihnen zuhause? Nein, wohl nicht, aber Ihr Auto kann das. Immer mehr Menschen wollen auch zuhause den Komfort, den ihnen ihr Auto längst wie selbstverständlich bietet. Es gibt keinen Grund, warum wir in unseren vier Wänden, ob Eigenheim oder Mietwohnung noch so leben, wie im letzten Jahrtausend.

Das neue Buch „Jetzt mache ich mein Heim selbst smart" von Günther Ohland zeigt Ihnen, wie es geht. Das ist weder besonders schwierig noch teuer. Im Gegensatz zur landläufigen Meinung liegt der Hauptanteil der Arbeit nicht Bohren von Löchern für neue Kabel. Auch wird nicht programmiert. Als „SmartHomer" konfiguriert man sein Heim mit einer dafür programmierten Software. Ohland erklärt Schritt für Schritt von der Softwareinstallation bis zu absoluten Komfortfunktionen, wie jeder es selbst machen kann.

Alles was in diesem Buch beschrieben wird, hat der Autor selbst im eigenen Haus installiert.

Titel: Jetzt mache ich mein Heim selber smart"
Verlag: Book on Demand, Norderstedt
Print ISBN: 978-3-732-236589
Preis: € 24,50, als E-Book € 17,99

Smart-Living - vom Luxus Spielzeug zum gesellschaftlichen Pflicht-Programm

In diesem Buch geht es im Gegensatz zu den ersten beiden Büchern weniger um Technik, als um die gesellschaftliche Notwendigkeit, "smart" zu werden. Das Buch ist Pflichtlektüre für Politik, Wohnungswirtschaft, Sozialwirtschaft und alle, die Produkte und Dienstleistung rund um das Leben in jedem Alter anbieten.

Es werden die beiden Bedrohungen "Demografischer Wandel" und "Energiepreisentwicklung" aufgegriffen und die wahrscheinlichen Auswirkungen auf unsere Gesellschaft aufgezeigt. Doch es gibt nicht nur die Schilderung der Probleme, sondern auch ein Lösungsangebot: Smart-Living.

Doch nichts passiert von allein. Wir müssen schon selbst handeln. Die beiden „Tsunamis" sind unterwegs und auf dem Weg zu uns. Statistiker können exakt errechnen, wann sie uns treffen. Wir können sie nicht aufhalten, aber wir können die Deiche höher bauen und befestigen.
Lassen Sie uns anfangen, gleich morgen!

Titel:	Smart-Living - Vom Luxusspielzeug zum gesellschaftlichen Pflichtprogramm
Verlag:	Books on Demand, Norderstedt
Print ISBN:	978-3-7322-9230-1
Preis:	Print 19,90 €
E-Book ISBN:	978-3-7357-8389-9
Preis E-Book	9,99 €

www.smarthome-deutschland.de

http://gfohland.blogspot.de/

https://www.facebook.com/SmartHomeGermany/